Mi hijo no me obedece

Soluciones realistas para padres
desorientados

Cristina Larroy García

Mi hijo no me obedece

Soluciones realistas para padres desorientados

EDICIONES PIRÁMIDE

COLECCIÓN «OJOS SOLARES»
Sección: Tratamiento

Director:
Francisco Xavier Méndez
Catedrático de Tratamiento Psicológico Infantil
de la Universidad de Murcia

Diseño de cubierta: Anaí Miguel

© Cristina Larroy García
© Ediciones Pirámide (Grupo Anaya, S. A.), 2007
Juan Ignacio Luca de Tena, 15. 28027 Madrid
Teléfono: 91 393 89 89
www.edicionespiramide.es
Depósito legal: M. 42.640-2007
ISBN: 978-84-368-2139-0
Composición: Grupo Anaya
Printed in Spain
Impreso en Lavel, S. A.
Polígono Industrial Los Llanos. Gran Canaria, 12
Humanes de Madrid (Madrid)

A mis padres, que me enseñaron a ser hija.

A mis hijos, con quienes aprendí a ser madre.

Índice

Prólogo

Éste no es un libro escrito para expertos. No es un libro escrito para sesudos investigadores de la conducta infantil. No es un libro escrito para pedagogos; ni siquiera es un libro escrito para psicólogos con años de experiencia.

Éste es un libro escrito, sobre todo, para madres y para padres. Para los padres y las madres preocupados por las conductas inadecuadas de sus hijos; es más, es un libro escrito PARA TODOS LOS PADRES Y MADRES. Porque, ¿qué padre no se ha preocupado alguna vez (qué padre no se ha desesperado alguna vez) por las conductas de su hijo?

Educar es una actividad maravillosa y muy gratificante; pero, a veces, educar puede resultar un proceso frustrante y costoso. Nadie pide (ni ofrece) a los padres una formación para educar a sus hijos. A los adultos se nos pide formación específica para muchas actividades, para conducir, para trabajar, para federarnos y practicar algunos deportes, para manipular alimentos..., pero nunca se nos exige una formación para ser padres. Y como nadie nace sabiendo, los padres hacen lo que les parece mejor, lo que han aprendido, por ensayo y error, lo que ha dado resultado en otras ocasiones, lo que les comentan los hermanos o amigos; en definitiva, hacen lo que pueden,

que no siempre es lo más correcto. He conocido hombres y mujeres brillantes, reputados profesionales de carreras meteóricas, que asumen sin pestañear responsabilidades sobre decenas de personas y que, al llegar a casa, son manipulados por su hijo de 4 años. Y es que muchas de las habilidades que aprendemos para ser personas de éxito no nos valen para ser padres eficaces.

Éste es también un libro útil para otras personas que tienen a su cargo, cuidan, vigilan o trabajan con niños: abuelos, maestros, educadores, hermanos mayores, tutores, cuidadores... También estas personas se encuentran a veces perdidas, no saben cómo hacer que el niño deje de llorar o de tirarse al suelo, deje de fastidiar a los amigos, no les monte el numerito en el supermercado o en el parque, obedezca sin tener que repetir las órdenes o peticiones siete veces...

Por último, es un libro para estudiantes avanzados y psicólogos y pedagogos noveles que se estrenan en el difícil arte de controlar las conductas de los niños con el objetivo de reestablecer la paz en el ámbito familiar y educativo.

En resumen, es un libro escrito para aquellas personas que, sin una formación especializada, lidian cada día con los niños y pretenden (y esperan) que éstos se comporten cada día un poquito mejor. En este libro aprenderán las estrategias necesarias para solucionar estos pequeños problemas cotidianos de desobediencia, ignorancia y rabietas y a ayudarles a desarrollar pautas de comportamiento que favorezcan el aprendizaje de conductas adecuadas por parte de los niños.

Debe mucho este libro a otro, *El niño desobediente. Estrategias para su control*, escrito en colaboración con la profesora M.ª Luisa de la Puente y publicado por primera vez en 1995 (en años posteriores se publicaron sucesivas ediciones), y que, durante años, ha constituido un referente, al menos para nuestros amigos y alumnos, de cómo lograr un grado aceptable de obediencia en los niños. Algunos ejemplos y casos de los aquí recogidos se publicaron por primera vez en ese libro.

La estructura que se va a seguir es la siguiente:

En el primer capítulo se explica en qué consiste la desobediencia y cómo va evolucionando a medida que se produce el desarrollo físico y psicológico del niño, dado que la desobediencia, que puede ser considerada una reacción frecuente y hasta saludable en los niños más pequeños, puede convertirse en un trastorno si se mantiene en edades más maduras, como la adolescencia.

En el segundo capítulo se aborda el proceso de adquisición y mantenimiento de las conductas de desobediencia, incluyendo una somera revisión de los modelos explicativos actuales y centrándonos, sobre todo, en los principios generales del aprendizaje, aquellos que nos permiten aprender (y desaprender) la mayoría de las conductas voluntarias que las personas emitimos.

Este análisis se hace mucho más exhaustivo en el tercer capítulo, en el que se revisan detalladamente los procesos instrumentales de aprendizaje, con especial incidencia en los efectos de las consecuencias de las conductas en su posterior emisión.

Pero, para poder cambiar una conducta, hemos de conocer sus datos previos: frecuencia, intensidad, duración... El qué y el cómo de este conocimiento es lo que se aborda en el capítulo cuarto, en el que se enseña a los padres a observar, registrar y pasar a gráficos los datos pertinentes de las conductas de los niños.

Las estrategias específicas de cambio se revisan en el capítulo quinto, con indicaciones precisas y ejemplos ilustrativos de la aplicación de las técnicas explicadas, las que más frecuentemente se utilizan en la intervención de estos problemas: programas de puntos, extinción, coste de respuesta, aislamiento, entrenamiento de padres... En el capítulo sexto se ofrecen consejos y recomendaciones para cuando, a pesar de haber aplicado las técnicas y los programas de manera adecuada, parece que no avanzamos.

Por último, en el capítulo séptimo se recoge un caso tratado en la Unidad Clínica que supervisa la autora de este libro, con objeto de ejemplificar las distintas fases de la intervención en el cambio de las conductas de desobediencia.

Se ha pretendido dar al libro un carácter eminentemente práctico, elaborar una guía, que no un recetario, que ayude a dirigir los pasos de los adultos interesados hacia un adecuado cambio del comportamiento infantil.

Espero (deseo) haberlo logrado y que este libro les sirva de ayuda. Si ha sido así, enhorabuena. Si, a pesar de todo, necesita acudir a un profesional, no dude en hacerlo. Pero, en cualquier caso, esté seguro, si ha decidido leerlo, de que el primer paso para solucionar el problema lo ha dado ya.

Madrid, junio de 2007

CAPÍTULO 1

La desobediencia:
un problema de todos

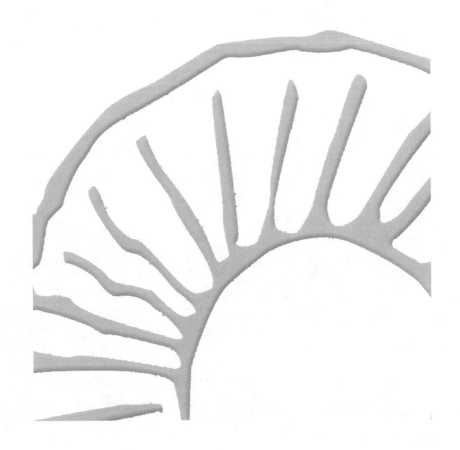

1.1. ¿Qué significa «desobedecer»?

Juan pega frecuentemente a su hermana; Marta se niega sistemáticamente a obedecer las órdenes que se le dan; María tiene rabietas por casi cualquier motivo; Vanesa no parece oír nunca lo que se le pide. Los padres de Juan, Marta, María y Vanesa no se explican cómo sus hijos han podido salir tan desobedientes, con lo modositos que ellos eran de pequeños y lo buenos que son sus hermanos. La explicación que a menudo se dan estos padres son del estilo: «Tiene un carácter muy fuerte», «Es igual que su abuela», «Es como si nos la hubieran cambiado en el hospital», etc... Sin embargo, este tipo de explicaciones no aportan nada a la solución del problema (ni explican, en realidad, nada; sólo sirven para desculpabilizar a los padres o, en el peor de los casos, etiquetar al niño con un sambenito de desobediente del que le costará mucho desprenderse).

Lo que los padres deben saber (y muchos lo saben ya por experiencia) es que el niño aprende y pone en marcha estos comportamientos porque, así, consigue, en la mayoría de las ocasiones, lo que quiere: después de chillar y patalear un rato, María logra que su madre le compre una caja de chicles; Juan consigue la atención de sus padres pegando a su hermana; Marta evita tener que recoger su cuarto y a Vanesa se le «olvida» hacer los deberes.

Son pocos los padres que no se han quejado alguna vez (o muchas) de la desobediencia de sus hijos. Comentarios como: «Paco no obedece jamás a la primera, necesita que se lo diga siete veces y finalmente tengo que enfadarme, si no, no hay manera», «Rocío nunca se lava las manos antes de comer, y eso que se lo tengo dicho cientos de veces», «Miguel protesta todos los días cuando le mando hacer los deberes», y otros del mismo estilo, se oyen frecuentemente, dentro y fuera de la consulta del psicólogo. Y esto es debido a que la desobediencia y los trastornos de conducta a los que ella va asociada son, sin duda, un problema de alta prevalencia en la infancia.

Pero, ¿a qué nos referimos exactamente cuando hablamos de desobediencia? Una definición clara, específica y comprensible para todo el mundo la proporcionan Forehand y McMahon, quizá los autores más emblemáticos en el estudio de la desobediencia infantil. Para estos autores, la conducta de desobediencia se define como: «la negativa a iniciar o completar una orden realizada por otra persona en un plazo determinado de tiempo» (estos autores, por ejemplo establecen un período de tiempo de 5 segundos posteriores a la orden, aunque la mayoría optan por un plazo más amplio, de entre 20 y 30 segundos). Por ejemplo, un padre le ordena a su hijo Paco que se ponga a estudiar. Si éste no se pone a estudiar en un plazo de tiempo inferior a 30 segundos, diremos que Paco ha desobedecido.

Sin embargo, es posible que esta definición parezca insuficiente a un gran número de padres y educadores. Muchos de ellos coincidirán al considerar que la conducta de desobedecer también implica otras situaciones en las que la norma no se dice directamente, pero está implícita y presente. Por ejemplo, si una madre tiene prohibido que se juegue al fútbol en el pasillo de casa, aunque no le diga cada día a su hijo: «en casa no se puede jugar al fútbol», la regla ha sido establecida en un determinado momento, sigue presente, y no tiene que ser repetida diariamente. Considerando esta segunda definición de desobediencia, conductas como gritar, pegar a otros, decir palabras malsonantes, destruir la propiedad del otro, etc., y casi todas las conductas desviadas de un niño, pueden ser vistas como conductas de desobediencia, dado que existen órdenes implícitas que las prohíben. Por último, el niño también desobedece cuando no sigue una norma implícita que ha sido expresada con anterioridad (por ejemplo, lavarse los dientes después de cada comida es una norma implícita que se dijo una, dos o cien veces con anterioridad y que no requiere ser recordada en cada ocasión para que el niño la siga).

Resumiendo, la conducta de desobediencia puede darse de cuatro formas distintas:

1. El adulto o superior (padre, madre, abuelo, profesor, educador, niñera, etc.) pide al niño que realice una conducta y éste no la inicia en el lapso de tiempo establecido (como se ha comentado, frecuentemente se establece un lapso de 20 segundos, pero éste es un criterio general, se puede establecer el que se considere más adecuado en función de la edad del niño, del tipo de conducta, etc.).

2. El adulto o superior pide al niño que deje de hacer lo que esté haciendo (que detenga una determinada actividad) y el niño no la para dentro del lapso de tiempo prefijado (20 segundos). También puede ocurrir que el adulto le pida al niño que no ejecute una conducta inminente (por ejemplo, le ve avanzar hacia el hermano pequeño con la mano levantada y le advierte: «No vayas a pegar a tu hermano») y que éste no se detenga.

3. El niño realiza conductas que están implícitamente prohibidas (jugar al fútbol delante de la estantería de las porcelanas).

4. El niño no realiza conductas que son implícitamente obligatorias (lavarse los dientes, recoger la ropa después de la ducha, hacer los deberes, etc.)

Con una definición tan completa, todo el mundo podría sentirse más que satisfecho. Pero no, porque, aun con una definición de desobediencia como la anterior, existen situaciones en

las que no queda claro que se pueda hablar (o no) de desobediencia. Por ejemplo, cuando al niño se le dan órdenes o instrucciones contradictorias o incompatibles («Haz los deberes
pensando bien lo que haces, pero date prisa, que hemos de cenar»), o cuando dos adultos dan una orden a la vez (la madre
envía al niño a la cama inmediatamente mientras que el padre
le pide que le traiga las zapatillas al salón: es imposible que el
niño cumpla las dos órdenes, una de ellas no la puede seguir;
¿es eso desobediencia? Para algunos padres, sí). También debe
considerarse la situación en la que una misma persona es quien
da las órdenes simultáneas («Juan, dobla la toalla y recoge tu
cuarto. ¿No me has oído? ¡Que recojas tu cuarto!», mientras a
Juan, como mucho, le ha dado tiempo a poner dos puntas jun-
tas de la toalla). Por último, debemos tener en cuenta también
las situaciones en las que los adultos incitamos a los niños a
desobedecer («Hay que ver qué exigente se pone a veces mamá
con esto de las verduras; déjatelas, si quieres, que ya me las
como yo y ella no se dará ni cuenta»).

En todas estas situaciones anteriores, ¿podemos decir que el
niño ha desobedecido? Seguramente, no (aunque algunas personas pueden opinar que sí, de ahí la ambivalencia). Por eso,
todos estos ejemplos nos sirven para comprender que las conductas de los niños no se dan en el vacío, sino que responden
a una interacción con el adulto, se dan en un contexto determinado y en unas condiciones precisas y específicas. Por tanto,
cuando se trate de cambiar la conducta de desobediencia del
niño, tan importante como el análisis de los comportamientos
de éste será el análisis de las conductas de los adultos con los
que interactúa y de las condiciones en las que se produce dicha
interacción.

Las conductas de desobediencia pueden ser más que molestas si no son manejadas de forma adecuada, ya que suponen un
desafío del niño al control de los padres y provocan en muchos
casos la existencia de un clima de interacción coercitivo y con-
flictivo entre padres e hijos. Además, las conductas de desobediencia que no son adecuadamente manejadas y controladas en
la infancia pueden, con el tiempo, dar lugar a trastornos de con-

ducta más importantes, como el trastorno oposicionista desafiante o el trastorno por conducta antisocial.

1.2. ¿Es mi hijo, de verdad, desobediente?

Cuando un niño se muestra desobediente, los padres, con frecuencia, se preguntan hasta qué punto estas conductas son normales en un niño o constituyen algún tipo de patología. A menudo, acuden a la consulta tan sólo para cerciorarse de si es normal o no que su hijo se comporte así.

Contestar a esta pregunta no es fácil, dado que, como sucede en todos los ámbitos del comportamiento humano, la diferencia entre lo que es normal y anormal es una diferencia cuantitativa más que cualitativa.

De hecho, se sabe que estas conductas de desobediencia reiterada, oposicionismo pasivo, rabietas, etc., son muy frecuentes en los primeros años de vida, pero tienden a desaparecer por sí solas con la edad. Así, por ejemplo, está bien comprobado que cuando su hijo tiene 5-6 años, un porcentaje elevado de padres (cerca del 50 por 100) se quejan de conductas del niño tales como desobedecer órdenes o destruir objetos, mientras que cuando el chico tiene los 16 años cumplidos sólo el 20 por 100 de los padres presenta quejas por éstas o similares conductas. Los datos de varios estudios parecen apoyar la idea de que la presencia de conductas de desobediencia durante la infancia no es en sí misma patológica. De hecho, el oposicionismo constituye un avance en el desarrollo evolutivo normal de los niños alrededor de los 3 años: el niño quiere obtener todo lo que desea y obtenerlo ya (no entiende el premio demorado), y pone en marcha aquellas conductas que alguna vez le han valido para obtener lo que desea (como llorar, patalear, pegar o ignorar las instrucciones de los adultos). Como no tiene conciencia de lo que está bien y lo que está mal, utiliza las mismas conductas siempre, para obtener lo que quiere, porque en el pasado le han sido útiles. Además, a un niño pequeño le cuesta controlar su propia conducta (no sabe dejar de llorar, no controla la potencia de sus golpes o patadas, etc.). Es por ello por lo que es muy necesario que a estas edades sepamos manejar las conductas del niño de forma adecuada, utilizando normas e instrucciones cortas, muy claras y estructuradas. En cualquier caso, es importante hacer hincapié en la idea de que las conductas desobedientes, a edades tempranas, son normales y evolutivamente adecuadas.

Por tanto, y en lo que a desobediencia se refiere, el punto de corte entre lo normal y lo patológico es difícil de determinar, y parece establecerse, más que de forma absoluta, en función de la frecuencia y variedad de estas conductas desobedientes, la gravedad de las mismas (no es lo mismo hacer caso omiso sin más de una orden dada por uno de los padres que responder insultando, chillando o agrediendo a uno de ellos), el número de conductas que un niño exhibe, la diversidad de contextos en los que aparecen (en casa, en el colegio...) y su desaparición o no de forma espontánea a lo largo de su desarrollo (McMahon y Forehand, 1988). También se considerará si estas conductas están generando problemas importantes en las relaciones parentales, en el ámbito familiar (problemas graves entre hermanos o con cualquier otro miembro de la familia) o si interfieren con el normal desarrollo evolutivo del niño en los ámbitos social y/o académico. Si se diera alguna de estas circunstancias, se hace aconsejable la intervención (Larroy y Puente, 1998).

1.3. Y esto, ¿se puede agravar?: el trastorno oposicionista desafiante y el niño agresivo

De hecho, estos criterios que acabamos de mencionar (frecuencia de aparición, intensidad o gravedad y no remisión espontánea con el desarrollo evolutivo) son los que pueden finalmente indicar que las conductas van a evolucionar hacia un problema más grave (conductas antisociales o, más frecuentemente, conductas de oposicionismo desafiante).

Si se considera el diagnóstico clínico, de acuerdo con los criterios del DSM-IV-TR (APA, 2000), este tipo de conductas se diagnosticaría bajo el epígrafe de «Trastorno por oposicionismo desafiante». Los rasgos esenciales de este trastorno (véase tabla 1.1) lo constituyen un patrón de negativismo, hostilidad y conducta desafiante, y está caracterizado por la presencia de conductas como: encolerizarse, discutir con los adultos, desafiar las reglas de los adultos, hacer deliberadamente cosas que molestan al otro, acusar a los demás de los propios fallos, etc. Dura, por lo menos, seis meses. Además, la presencia de estos comportamientos altera de forma significativa el funcionamiento social, académico y ocupacional del sujeto. Los destinatarios fundamentales de esta actitud oposicionista del niño o del joven son sus padres y profesores. El problema puede aparecer antes de los 8 años, y, normalmente, antes de la adolescencia. Su comienzo suele ser gradual a lo largo de meses e incluso de años.

TABLA 1.1

Criterios para el diagnóstico de trastorno por oposicionismo desafiante

A) Un patrón de negativismo, hostilidad y conducta desafiante que dura, por lo menos, seis meses, durante los cuales cuatro o más conductas de las que se especifican a continuación están presentes:

1. A menudo, se encoleriza.

2. A menudo, discute con los adultos.

3. A menudo, desafía activamente o rechaza las peticiones de reglas de los adultos.

4. A menudo, hace deliberadamente cosas que molestan a los demás.

5. A menudo, acusa o reprocha a los demás de sus propios errores.

6. A menudo, es susceptible y se molesta fácilmente con los demás.

7. A menudo, está colérico y resentido.

8. A menudo, es rencoroso o reivindicativo.

> **Nota:** se considera que un determinado criterio se da sólo si la conducta ocurre de forma más frecuente que lo que típicamente se observa en sujetos de su misma edad y nivel de desarrollo.
>
> B) La alteración de la conducta causa un perjuicio clínicamente significativo en el funcionamiento social, académico u ocupacional del sujeto.
>
> C) Estas conductas no ocurren de forma exclusiva durante el curso de un trastorno psicótico o un trastorno del estado de ánimo.
>
> D) No cumple los criterios para diagnosticar un trastorno de conducta y si el individuo tiene más de 18 años y cumple los criterios de personalidad antisocial

Dado que, como se ha dicho antes, este tipo de conductas son frecuentes en la infancia, la APA advierte que el diagnóstico de Trastorno por oposicionismo desafiante no debe aplicarse cuando el niño exhibe estas conductas con una frecuencia similar a la de los niños de su misma edad y nivel de desarrollo.

Este tipo de comportamientos o, más específicamente, cuando las conductas, por repetidas y graves, suponen un trastorno, suelen aparecer más frecuentemente en niños que en niñas (antes de la adolescencia, ya que, tras ésta, los porcentajes de jóvenes afectados se igualan en ambos sexos), y su prevalencia (el porcentaje de personas que muestran este trastorno) oscila entre el 2 por 100 y el 16 por 100 de la población infante-juvenil.

También las agresividades infantil y juvenil están altamente relacionadas con problemas de desobediencia; de hecho, provienen, en la mayoría de los casos, de un mal abordaje de los problemas de obediencia en la primera infancia (Maciá, 2004). Es cierto que, como ya se ha comentado, muchas de estas conductas aparecen de alguna forma en el curso del desarrollo normal del niño; sin embargo, en algunos casos, la agresividad y la desobediencia se convierten en una pauta de comportamiento estable y permanente y en las conductas más características de un niño. Este trastorno (el de agresividad) se da particularmente en niños cuyos hogares son disfuncionales, con problemas de alcoholismo, malos tratos, conflicto conyugal, psicopatologías en los padres, pobreza, etc. (Karver y cols., 2005), y puede llegar a agravarse hasta constituir un problema de índole legal y jurídica: aunque aún muy escasos, cada vez son más los padres que denuncian a sus hijos por maltrato o piden la emancipación de éstos, hartos de vivir con el miedo que las conductas agresivas de sus hijos les inspiran.

1.4. Resumen

Las conductas de desobediencia son habituales en la infancia, y especialmente frecuentes en los niños de entre 2 o 3 años (el comienzo suele establecerse en esta edad) y el inicio de la preadolescencia. A medida que avanza la edad del niño, estas conductas tienden a desaparecer. En caso contrario, y si las conductas persisten o se agravan, pueden dar lugar al denominado *Trastorno por oposicionismo desafiante*, que implica la aparición de comportamientos que alteran de forma significativa el funcionamiento social, académico y ocupacional del sujeto. Los destinatarios fundamentales de esta actitud oposicionista del niño o del preadolescente son sus padres y profesores. El problema puede aparecer antes de los 8 años y, normalmente, antes de la adolescencia. Las conductas oposicionistas suelen ir acompañadas de comportamientos agresivos, que, frecuentemente, se incrementan a medida que lo hace la edad del niño. En estos casos, el niño (y los padres) debe ponerse en manos del psicólogo clínico para tratar de solucionar las conductas y relaciones desadaptadas, antes de que éstas vayan a más y se conviertan en trastornos plenamente establecidos, más difíciles de abordar y de consecuencias lamentables.

CAPÍTULO 2

¿Y por qué no me obedece?

Ésta es la pregunta que padres, madres y tutores se hacen a menudo cuando ven que su pequeño vástago hace, literalmente, «lo que le da la gana», bien fingiendo que no ha oído las órdenes que se le han dado, bien oponiendo resistencia a ellas, bien saltándose una instrucción implícita que la madre o el padre han repetido cientos de veces.

Las explicaciones que muchas veces barajan los padres sólo sirven para desalentarles, pues indican que las conductas del niño se deben a un temperamento o personalidad estables, que nunca podrán ser cambiados. Comentarios como: «Este niño es desobediente desde que nació», «Es igual que tu tío Pepe, que nadie pudo hacer carrera de él», «Es que tiene un carácter que no hay quien le aguante», «Éste nos ha tocado así, no queda más que resignarse, ¡con lo bueno que es su hermano!», y otros similares, implican que la desobediencia ha estado siempre presente y, lo que es más desalentador, que no se va a poder modificar (lo que plantea un panorama muy duro para los padres). Sin embargo, nada más lejos de la realidad. Porque aunque, ciertamente, los factores de tipo genético y biológico pueden dar cuenta de ciertas diferencias en las conductas exhibidas por los bebés en los primeros meses de vida (por ejemplo, nivel de actividad, patrones de sueño y alimentación, umbral de reacción ante estímulos nuevos, intensidad de la reacción, etc.), diferencias que pueden

dar lugar a que las conductas de unos sean más fácilmente manejables que las de otros, sin embargo, en todos los casos parece esencial el hecho de que el niño, a lo largo de todo su desarrollo, *aprende* a comportarse. Esto es, en algunos casos, aprende a obedecer y a comportarse de forma adecuada y, en otros, aprende a desobedecer y a comportarse de forma inadecuada.

Es decir, las conductas de desobediencia, como todas las conductas voluntarias y una buena parte de las involuntarias, se aprenden y, pueden, por tanto, «desaprenderse». Más adelante veremos cómo.

2.1. Los modelos explicativos de la desobediencia

Como ya se ha comentado, a partir de cierta edad, alrededor de los 24-30 meses, los niños comienzan a mostrarse desobedientes y a desafiar a los padres. Esto forma parte de su crecimiento y puede considerarse normal: es la manera que tienen los niños para aprender y descubrir su propio camino, expresar su individualidad y alcanzar un cierto sentido de autonomía. Conforme alcanzan más independencia, comprometen a sus padres en conflictos cada vez más frecuentes; descubren los límites de las reglas de sus padres y ensayan su propio autocontrol; aprenden, en definitiva, a ser personas por sí mismos, a separar su «yo» del ambiente que les rodea.

Pero, como es evidente, el ambiente les sigue rodeando (igual que a todos nosotros) y les rodeará siempre. No vivimos en el vacío, en una burbuja aislante del exterior; vivimos y actuamos en función de las demandas y exigencias del mundo que nos rodea, demandando y exigiendo a la vez a éste en una continua interacción con el medio. Y ello quiere decir que las conductas de desobediencia son, por lo mismo, conductas de interacción. De ahí deriva un primer corolario: los niños no son los únicos responsables de las conductas de desobediencia, también los padres colaboran en su aparición y, sobre todo, en su mantenimiento.

De entre los diversos modelos explicativos propuestos para interpretar las conductas de desobediencia y las conductas inadecuadas de los niños, quizá el de Patterson, en sus diversas formulaciones (Patterson, 1982; Patterson, 1986, y Patterson, Reid y Dishion, 1992) sea el que proporcione una explicación más sencilla y comprensiva.

Patterson enfatiza, por un lado, los procesos familiares de socialización y, sobre todo, el carácter coercitivo y de control de las conductas desviadas o inadecuadas, proponiendo lo que denomina «hipótesis de coerción» para dar cuenta del desarrollo y mantenimiento de estas conductas.

Patterson parte del hecho de que algunos comportamientos, que posteriormente denominaremos disruptivos, tales como llorar, gritar, patalear, etc., son conductas instintivas en el recién nacido. En las primeras fases del desarrollo, estas conductas son altamente adaptativas y cumplen una función de supervivencia, ya que permiten que el bebé controle la conducta de la madre de cara a poder satisfacer sus necesidades vitales básicas (en cuanto a limpieza, alimentación, malestar físico, etc.). Así, por ejemplo, si el bebé tiene hambre, llora, y, de esta forma, ella hace algo para alimentarle. A medida que el niño va creciendo, va sustituyendo estas conductas rudimentarias por habilidades de comunicación más evolucionadas (como expresar verbalmente la queja o petición). Sin embargo, de acuerdo con Patterson, en determinadas circunstancias (por ejemplo, fallos en las habilidades cognitivas o de solución de problemas del pequeño, o fallos en las habilidades socializadoras de los padres), éstos pueden favorecer que el niño siga empleando esas estrategias coercitivas rudimentarias como forma de controlar el comportamiento de la madre en lugar de otras conductas más adecuadas; por ejemplo, si los padres, en lugar de reforzar las conductas prosociales del niño, respondiendo positivamente a sus peticiones, las ignoran y continúan respondiendo a las conductas coercitivas de control (llorar, gritar, etc.), favorecen que éstas se mantengan y perpetúen.

En este sentido, Patterson (1982) ha enfatizado el papel de las interacciones inadecuadas entre padre-madre-hijo en la escalada y mantenimiento de las conductas coercitivas, no sólo por parte de los niños, sino también por parte de los padres.

Según el esquema que propone Patterson, la conducta coercitiva de un miembro de la familia es reforzada cuando tiene como consecuencia la desaparición de un estímulo aversivo que ha sido aplicado por otro miembro de la familia. En la tabla 2.1 se ilustra un ejemplo de cómo el niño es reforzado por mostrar conductas inadecuadas y de desobediencia.

Tal y como puede verse, ante una situación molesta para él (petición de la madre), las conductas coercitivas del niño (chillar, llorar, desobedecer...) hacen que la madre retire la petición. De este modo, las conductas coercitivas del niño se repiten (y cada vez con más frecuencia) ante las peticiones de la madre. Veámoslo más claramente con un ejemplo: la madre le pide a su hija Leticia (que está tranquilamente viendo la televisión), que baje al supermercado a comprar algo que se le ha olvidado. Leticia, que está haciendo algo de lo que disfruta y a quien no le apetece interrumpirlo para bajar al supermercado, protesta, se encoleriza, etc.; al cabo del rato, la madre (por no oírla), le dice: «déjalo, ya bajaré yo». Es evidente que la madre, con su conducta, está reforzando el comportamiento de protestar y encolerizarse de Leticia.

TABLA 2.1

Secuencia que ejemplifica cómo las conductas inadecuadas y coercitivas del niño son reforzadas (Patterson, 1982)

Aparición de una situación desagradable La madre da una orden	
Respuesta coercitiva e inadecuada del niño Leticia se queja, llora, desobedece	
Desaparición del estímulo aversivo (situación desagradable) La madre cede y retira la orden	

Sin embargo, en muchos casos, la secuencia no se queda aquí, sino que la madre responde de nuevo y se genera una escalada en estas conductas de coerción en la que se ven implicados tanto padres como hijos. La tabla 2.2 lo ilustra con un ejemplo.

TABLA 2.2
Secuencia que ejemplifica la escalada de conductas coercitivas
en la interacción padres-hijos (Patterson, 1982)

Aplicación de un estímulo aversivo (situación desagradable) La madre da una orden
Respuesta coercitiva e inadecuada del niño Leticia se queja, llora, desobedece
Aplicación de otro estímulo aversivo por parte de la madre La madre alza su voz y repite la orden
Segunda respuesta inadecuada del niño Leticia grita más alto y no obedece
Aplicación de otro estímulo aversivo por parte de la madre La madre empieza a gritar y vuelve a repetir la orden
Eliminación de la respuesta inadecuada del niño Leticia obedece

En este caso, ante la desobediencia de Leticia, la madre responde con una conducta también coercitiva (alzar la voz y repetir la orden), a la que la niña responde desobedeciendo de nuevo, lo que provoca una escalada en la conducta de coerción de la madre (chilla más); como consecuencia de la misma, Leticia acaba obedeciendo. Se observa, por tanto, que la conducta coercitiva y agresiva de la madre está siendo reforzada también, porque, a través de ella, pone fin a una situación incómoda y desagradable (la desobediencia de Leticia).

La escalada coercitiva en la interacción padres e hijos (los niños aprenden que si protestan, no tienen que cumplir órdenes; los padres también aprenden que si piden adecuadamente algo, el niño no les hará caso, pero que, cuando chillan o amenazan, consiguen cierto grado de obediencia; así, que todos, cada vez, chillan más y más frecuentemente) es responsable del enrarecimiento y deterioro de las relaciones filiales, pero no es el único determinante. Existen otros factores, además de la coerción en las relaciones, que coadyuvan al mantenimiento de las conductas de desobediencia. Así, por ejemplo, debemos considerar el papel que el refuerzo positivo desempeña en el mantenimiento de las conductas de desobediencia de los niños. Casi siempre, esas conductas inadecuadas van seguidas de la atención de los padres, mientras que las conductas adecuadas (como permanecer horas o minutos jugando con soldaditos o leyendo, o pedir algo de forma educada) son ignoradas. Probablemente, si, antes de comer, María dice: «Por favor, papá, dame un caramelo», su padre ignorará la petición; si, por el contrario, María llora, grita, patalea o se tira el suelo, su padre, bien la regaña y castiga (prestándole atención) o bien acaba dándole el caramelo con tal de tener unos momentos de paz.

2.2. También hemos de tener en cuenta...

Además de los factores de aprendizaje que se han comentado anteriormente, en los que nos detendremos con más detalle más adelante, existen otros factores a considerar (Patterson, 1986; Larroy y Puente, 1998 y Moreno y Revuelta, 2002) que se indican a continuación:

a) Características propias de los padres: habilidades de comunicación, para dar órdenes e instrucciones, para establecer la disciplina, para solucionar problemas, para resolver situaciones conflictivas, etc.

b) Características propias de los niños: mayor o menor reactividad ante los estímulos, patrones regulares de sueño y alimentación, mayor o menor actividad motora, sesgos cognitivos, habilidades de solución de problemas interpersonales, habilidades de comunicación, etc.

c) Características propias de la interacción: problemas familiares, problemas de pareja, estilos comunicativos, etc.

d) Situaciones problemáticas externas a la familia: problemas económicos, laborales, de ajuste social de los padres, de aislamiento, etc.

El modelo de Barkley para explicar la conducta negativista y desafiante del niño comprende cuatro factores que pueden ser asimilados a los anteriores: (1) prácticas de crianza por parte de los padres; (2) características del niño o del adolescente; (3) características de los padres, y (4) factores contextuales. Una revisión en castellano del modelo de Barkley se recoge en el artículo de Portugal y Arauxo (2004).

Por último, hay que recordar que los niños aprenden lo que ven y que, en ese sentido, tanto los padres como los demás familiares (pero, especialmente, padres y hermanos) funcionan como modelos de comportamiento.

En este sentido, es posible que la evaluación de la situación familiar y la contestación de alguna de estas preguntas le puedan ayudar a comprender mejor la conducta de su hijo:

- ¿Cuánto respeto existe entre los miembros de la familia?

- ¿Se respetan unos a los otros, sus ideas, su privacidad y valores personales? ¿Cómo trabaja la familia estos conflictos?

- ¿Se resuelven los conflictos por medio de una discusión racional, o recurren en forma regular a la violencia?

- ¿Cuál es el estilo usual de relacionarse con su hijo(a) y qué formas de disciplinarlo utiliza generalmente?

- ¿Hay gritos y golpes?
- Su hijo, ¿está teniendo problemas escolares o con sus compañeros?
- La familia, ¿está pasando por algún momento estresante?

Por tanto, para resumir, debemos considerar que la desobediencia es el conjunto de una compleja interacción de factores que deben tenerse en cuenta tanto a la hora de evaluar como a la de intervenir. La solución temprana de estas conductas inadecuadas, que muchas veces pueden llevar a la desorganización e infelicidad familiar, o desembocar en trastornos de conducta más graves, es necesaria, no sólo para prevenir los futuros trastornos, sino porque se ha comprobado que los niños que comienzan a mostrar obediencia a las instrucciones paternas reducen también otras conductas inadecuadas, aprenden modos prosociales de interacción y se muestran, en definitiva, más felices (McMahon, 1993).

2.3. Resumen

Existen diversos modelos que pretenden explicar la desobediencia infantil. Quizá el más importante de todos ellos es el modelo coercitivo de Patterson. Según este modelo, el niño no aprende adecuadamente las habilidades sociales y verbales que sustituyen a las conductas coercitivas rudimentarias que emplea cuando es un bebé. Los padres contestan a estas estrategias coercitivas, bien cediendo a las peticiones del niño, o bien con conductas también coercitivas, lo que origina una escalada de comportamientos cada vez más violentos y agresivos.

Asimismo, en la explicación de la desobediencia deben considerarse otros factores, tales como las características personales de padres e hijos, características de la situación familiar o situaciones problemáticas extrafamiliares.

CAPÍTULO 3

Las conductas
y sus determinantes

Una parte muy importante de las conductas que emitimos los humanos está controlada por las consecuencias que esas conductas tienen en el medio que nos rodea. Pero, también, aprendemos que hay situaciones en las que podemos o no podemos emitir una determinada conducta. El efecto que las consecuencias y los antecedentes tienen en nuestras conductas es lo que se revisará en este capítulo

3.1. Las conductas y sus consecuencias: premios y castigos

La mayoría de las conductas voluntarias de las personas (correr, hablar, planificar un viaje, sentarse a estudiar o preparar la comida) están controladas por las consecuencias que estas conductas generan en el medio donde se dan (las consecuencias se generan tanto para la persona que emite esas conductas como para el resto de las personas). Éste es un principio básico del aprendizaje humano, y el procedimiento por el que actúa se denomina *condicionamiento operante.* El condicionamiento operante es el responsable de la mayoría de los comportamientos que emitimos voluntariamente las personas (todas las personas, niños y adultos).

El hecho de que las conductas que emitimos estén controladas por sus consecuencias es muy sencillo de entender, con los siguientes ejemplos:

- Cuando doy al interruptor, la luz se enciende. Dar al interruptor no es una conducta innata, las personas la aprenden, porque siempre, o casi siempre, va seguida de una consecuencia (la luz se enciende). *Cuando una conducta va seguida de una consecuencia positiva o agradable para la persona, hablamos de* **reforzamiento positivo.**

  Regla n.º 1: si queremos que una conducta se aprenda rápidamente, hay que hacer que sus consecuencias (positivas y agradables para la persona) se den siempre, o casi siempre, de la misma manera (e inmediatamente después de la respuesta).

  Es fácil de entender: si la luz se enciende el 99 por 100 de las veces que aprieto el interruptor, comprenderé la relación entre dar al interruptor y la luz mucho antes que si sólo unas pocas veces de las que doy al interruptor la luz se encendiera.

- Cuando hace frío, enciendo la calefacción o me pongo un jersey. Tampoco éstas son conductas innatas: las realizo porque la experiencia previa me ha enseñado que, haciendo estas conductas, podré mitigar el frío que siento. *Cuando las conductas de la persona eliminan o reducen una situación desagradable previa, hablamos de* **reforzamiento negativo.**

- Si cuando Juana se mete el dedo en la nariz, su padre la deja sin ver la tele diez minutos, es probable que Juana deje de hurgarse (al menos, cuando su padre esté presente).

  Regla n.º 2: si queremos que una conducta desaparezca rápidamente, debe ir siempre seguida por consecuencias desagradables para la persona (de este modo, se asocia rápidamente la conducta a la consecuencia desagradable).

- Si meto los dedos en un enchufe, me llevo una descarga que me provoca dolor, así que procuro no volver a meter los dedos (he aprendido que tocar el enchufe puede ser algo peligroso o doloroso). *Cuando las conductas de la persona (meter los dedos en el enchufe) le provocan dolor o aversión, hablamos de* **castigo positivo.**

- Si Hacienda me pilla haciendo trampas en la declaración, me pondrá una multa, y es muy posible que se me quiten las ganas de trampear durante un buen período de tiempo. Si ves al niño saltando en el sofá, le envías a su cuarto; si cometes un error en el videojuego, pierdes puntos o vidas. *Cuando la conducta de la persona tiene como consecuencia que se le retira algo agradable (dinero, la posibilidad de saltar en el sofá, los puntos o las vidas) estamos hablando de* **castigo negativo.**

Las conductas de dar un golpecito al interruptor, ponerse un jersey, meter los dedos en un enchufe o intentar engañar a Hacienda no son conductas innatas, no nacemos con ellas, sino que las aprendemos a lo largo de nuestra vida (de hecho, hay poquísimas conductas innatas en los humanos; hasta los bebés aprenden rápidamente a llorar para que los padres les cojan en brazos o los mezan). Y las aprendemos por las consecuencias que estas conductas generan en el medio (incluidos nosotros mismos): si doy al interruptor, la luz se enciende; si me pongo un jersey, mitigo el frío; de modo que, cuando necesite luz o calor, daré al interruptor o me pondré el jersey; por otro lado, también aprendo (debido a las consecuencias negativas que les siguen) que no debo meter los dedos en el enchufe (a menos que me guste llevarme una buena descarga, lo que no suele ser frecuente) y que no debo intentar engañar a Hacienda (por lo menos, en unos cuantos años) o saltar en el sofá nuevo de mis padres. Todas estas conductas se aprenden por *condicionamiento operante,* pero mientras que algunas tienden a repetirse (dar al interruptor o ponerse el jersey), otras tienden a no volver a darse (meter los dedos en el enchufe o engañar a Hacienda). Resumiendo, aquellos comportamientos que provocan consecuencias positivas para la persona tienden a repetirse en un futuro (por ejemplo, si la madre de Pablo le premia cada vez que acaba a tiempo sus deberes, es esperable que Pablo trate de terminarlos pronto), mientras que aquellas conductas que producen consecuencias negativas para la persona tienden a hacerse menos probables (por ejemplo, si cuando María ayuda a su madre a poner la mesa ésta le regaña por no colocar los cubiertos en su sitio, es probable que al cabo de varios días María decida que es mejor no ayudar a su madre a poner la mesa).

3.1.1. MANEJAR BIEN LOS PREMIOS: REFUERZOS POSITIVOS Y NEGATIVOS

Las consecuencias positivas que siguen a una conducta reciben el nombre de *reforzadores,* dado que ayudan a reforzar y fortalecer la conducta. Existen dos formas básicas de reforzar una conducta:

1. Cuando la conducta va seguida de un premio o una recompensa, ya sea material (un juguete, un dulce...), de actividad (poder ver un programa de televisión, jugar 15 minutos con la Game Boy...), intercambiable (pegatinas, fichas, puntos, que luego pueden cambiarse por algún premio) o social (una palabra de elogio, una sonrisa, un abrazo, la atención de los adultos...).

    En este caso, la consecuencia positiva que sigue a la conducta recibe el nombre de reforzador positivo, y hará que el comportamiento sea mas probable en el futuro. Si cuando Juan come solo, ordena su cuarto o hace los deberes sus padres le premian (aunque sólo sea con una sonrisa o un elogio), es esperable que Juan repita dichas conductas con frecuencia y aprenda a realizarlas de forma sistemática.

2. Otro modo de reforzar una conducta es que dicho comportamiento ponga fin a una situación desagradable. Por ejemplo, si cuando María tiene que comer espinacas (alimento que no le gusta) comienza hacer arcadas o a decir

que le duele la tripa y como consecuencia de ello su mamá le retira las espinacas, parece lógico esperar que la conducta de hacer arcadas o de quejarse de dolor de tripa se repita cada vez que María ha de comer una alimento que no le agrada, ya que ha sido reforzada por la desaparición de un elemento aversivo o desagradable para ella (elemento o estímulo aversivo es aquel que nos desagrada o nos hace daño; para María, el elemento aversivo son las espinacas). En este caso, la conducta de quejarse produce alivio en cuanto que pone fin a una situación aversiva, desagradable, y el alivio es también un potente reforzador. Como se comentó un poco más arriba, cuando la consecuencia positiva de una conducta es la desaparición de una situación aversiva que estaba previamente presente, hablamos de reforzador negativo.

No hay que olvidar que tanto el refuerzo positivo como el refuerzo negativo constituyen consecuencias positivas de una conducta y, por tanto, ambos fortalecen dicho comportamiento y hacen que éste sea más probable y frecuente en el futuro.

Es imprescindible, a la hora de educar a nuestros hijos, tener presente la importancia del reforzamiento en la conducta. Uno de los errores más frecuentes entre padres y educadores es considerar que un niño tiene que portarse bien porque es su deber y que, por tanto, no tenemos por qué reforzar dichos comportamientos. Esta creencia constituye un serio error. No hay que olvidar que si reforzamos la conducta, ésta se mantendrá (que es lo que pretendemos); por el contrario, si no reforzamos la conducta, ésta desaparecerá.

Los reforzadores positivos (o estímulos agradables) que podemos utilizar son muchos y muy variados, pero dependerán siempre de los gustos y necesidades del niño (del niño, no de los adultos que los acompañan; hay que hacer especial énfasis en esta consideración). Podemos utilizar reforzadores de diversos tipos:

a) *Comestibles:* dulces, chocolate, patatas fritas, chucherías variadas, zumos, batidos, etc. A los niños les encantan, funcionan muy bien como reforzadores (siempre que no puedan conseguirlos por personas distintas a nosotros), pero tienen algunos problemas: no siempre son sanos (y pueden interferir en la correcta alimentación del niño) y son de fácil saciación (el niño puede cansarse rápidamente de ellos; para evitar la saciación es mejor cambiar los reforzadores a menudo).

b) *Tangibles:* juguetes, cromos, piezas de mecano, sellos, lápices de colores, etc. Son muy potentes con los niños, pero también presentan algunos problemas, especialmente que algunos padres y profesores se muestran reacios a «pagar» a los niños para que se comporten adecuadamente (a pesar de que todos nosotros, en realidad, trabajamos y actuamos también por refuerzos tangibles como coches, dinero, vacaciones, poder pagar la hipoteca, etc.). Por otro lado, no siempre es posible utilizar este tipo de reforzadores, dado que, a veces, no están disponibles.

c) *Intercambiables:* son un tipo especial de reforzadores tangibles (fichas, pegatinas, puntos...) que el niño obtiene al dar la conducta deseada y que puede cambiar luego por otros reforzadores (un dulce, un soldadito para la colección, invitar a un amigo a merendar, ver la tele, etcétera). Tienen las ventajas de los reforzadores tangibles y comestibles, sin el problema de la saciación, y, además, pueden darse en el mismo momento en que aparece la conducta adecuada.

d) *De actividad:* se refieren a las actividades que le gustan hacer al niño, como jugar a las batallas, montar un garaje, ver los dibujos animados de los Lunis, compartir un cuento con papá, dibujar o trabajar con plastilina, etc. Son muy adecuados, especialmente en la parte final de la intervención (cuando ya vamos retirando los otros reforzadores), porque corresponden a actividades que el niño ya hace y seguirá haciendo en su vida cotidiana.

La única diferencia es que, ahora, se le permiten sólo cuando ha emitido la conducta adecuada. Presentan un problema: no suelen poder dispensarse inmediatamente después del comportamiento que pretendemos instaurar (ésta es otra de las razones para que los utilicemos en la fase final de la intervención, cuando el niño ha aprendido a demorar la obtención del refuerzo.).

e) *Sociales:* son aquellas conductas que otros individuos realizan dentro de un determinado contexto social y que nos agradan. Son refuerzos sociales la atención, la sonrisa, el abrazo, las palabras de elogio, etc. Tienen muchas ventajas: son gratuitos, promueven la mejor relación entre quien lo da y quien lo recibe, promueven la autoestima del niño, no dan la sensación de «pagar» al niño por lo que hace y son eficaces (aunque, al principio, es conveniente presentarlos conjuntamente con otro tipo de reforzadores, para mejorar su potencia o capacidad como tales).

Si queremos enseñar a un niño conductas adecuadas, al principio, es conveniente utilizar reforzadores materiales (comestibles, tangibles e intercambiables), que son los más potentes (y combinarlos con refuerzo social); luego, podemos incluir los de actividades y, en las fase final de la intervención, nos basaremos, fundamentalmente, en los reforzadores sociales (incluyendo, de cuando en cuando, los de actividad, tangibles y comestibles).

Los premios o reforzadores funcionan siempre, pero para que lo hagan de la forma más rápida y eficaz posible es necesario que se cumplan determinadas características de aplicación:

a) **Los reforzadores deben aplicarse, al principio, de manera continua o casi continua.** Eso quiere decir que, al principio, es mejor dar un reforzador (o premio) *cada vez* (o casi) que aparece la conducta que queremos enseñar. Por ejemplo, si queremos que Pablo (4 años) acaricie a su hermano Santi (1 año) en vez de pegarle, le elogiaremos, besaremos, sonreiremos o abrazaremos (o incluso le daremos una chuchería) todas o casi todas las veces que Pablo acaricie a Santi, al menos hasta que las caricias sean frecuentes. A partir de un determinado momento (cuando Pablo acaricie por sí solo a su hermanito y lo haga con cierta frecuencia), podremos ir retirando esos premios, dándolos cada vez en menor cuantía y menos seguidos. En efecto, cuando ya la conducta se ha aprendido, conviene dejar de reforzarla de forma continua y pasar a reforzarla de forma intermitente, es decir, sólo algunas de las veces que se da la conducta, o cada cierto tiempo. De esta forma la conducta se consolida mejor, porque el niño no sabe cuándo va a aparecer el refuerzo y, por tanto, sigue emitiendo la conducta con la esperanza de que éste aparezca. En este sentido, es importante recordar que una vez que la conducta se ha aprendido, reforzarla sólo de vez en cuando hace que el comportamiento se mantenga durante mucho tiempo.

b) *Los reforzadores deben seguir a la conducta de manera inmediata,* o muy cercana, sobre todo cuando estamos trabajando con niños pequeños. De este modo, es más fácil que el niño capte la relación entre la conducta y su consecuencia positiva; cuanto antes se dé cuenta de las consecuencias agradables de la conducta, más rápidamente crecerá ésta en frecuencia, duración o intensidad. A veces, es bueno ayudarse con instrucciones. Por ejemplo, la madre de Pablo podría abrazarle, cuando Pablo haya acariciado a su hermano, mientras le dice: «Pablo, cariño, me gusta mucho ver cómo acaricias a Santi, me pongo muy contenta cuando haces eso». En general, y sobre todo con niños pequeños, debemos recordar la importancia de dispensar el reforzador de la manera más inmediata a la conducta posible. Las promesas y los refuerzos a largo plazo son muy poco eficaces para estimular el aprendizaje. Por ejemplo, si Alberto no hace las tareas escolares (ninguna o casi ninguna), por lo que suspende mucho, prometerle un viaje a Disneyland París si apruebe todo en junio no va a ser una buena idea; lo más probable es que Alberto no se moleste en estudiar porque piense que es misión imposible y, además, demasiado lejana. Por el contrario, si cada 15 minutos de estudio o cada cinco ejercicios bien hechos permitimos que Alberto juegue con la Play Station o coma una bolsita de gusanitos, la probabilidad de que Alberto estudie se incrementará.

c) *Al principio, los reforzadores deben ser fáciles de conseguir, y deben reforzarse todos los cambios, aunque sean pequeños.* Nos interesa que el aprendizaje de una conducta (recoger los juguetes, comer solo, estudiar, colaborar en las tareas domésticas, etc.) sea lo más rápido y eficaz posible. Para ello, es necesario que el niño se implique mucho con la conducta que tiene que aprender. Que, al principio, obtenga una buena cantidad de reforzador por avances pequeños es una estupenda manera de «engancharle» y hacer que se interese por aprender y practicar la nueva conducta. Como ya se ha comentado, en el caso de Alberto, en vez de un viaje a Disneyland, será más eficaz dejar que juegue 20 minutos con la PlayStation o se coma una chocolatina cada día que hace, al menos, una tercera parte de las tareas escolares.

d) *Los reforzadores deben premiar la iniciativa del niño, más que la simple obediencia.* Si una de las tareas de Juan (8 años) es poner todos los días la mesa para la cena, se premiará más que la ponga sin que nadie se lo haya pedido que si su madre ha tenido que ir detrás de él para que lo haga.

e) *Enseñar la conducta si el niño la desconoce.* La mayor parte de los comportamientos que queremos enseñar a nuestros hijos son conductas complejas que se componen de otras más sencillas (por ejemplo, lavarse los dientes, vestirse solo o aprender a manejar adecuadamente los cubiertos). En todos estos casos, es muy difícil que la conducta se dé en su totalidad de forma adecuada; es mucho mejor enseñar cada uno de los pasos que la componen (por ejemplo, empezaremos reforzando que el niño limpie el cepillo de dientes después de usarlo, que se enjuague la boca, que se frote los dientes con el cepillo, etc.).

Debemos recordar que el refuerzo es un instrumento importantísimo en el desarrollo del aprendizaje de niños y adultos. Todos, tanto los niños como los adultos, necesitamos el refuerzo y la aprobación de los otros. Si un niño no recibe refuerzo o éste es insuficiente, manifestará alteraciones y deficiencias en su conducta, desarrollo y adaptación al medio (Larroy y Puente, 1995)

3.1.2. MANEJAR BIEN LOS CASTIGOS: LOS POSITIVOS Y LOS NEGATIVOS

Otra forma eficaz de controlar la conducta, pero totalmente contraria a la antes descrita, es la que se realiza a través del empleo de castigos.

Un castigo implica que la conducta va seguida de una consecuencia aversiva para la persona (una consecuencia que le resulta desagradable, molesta o dolorosa).

Las conductas que van seguidas de castigo decrecen en frecuencia, intensidad y duración (si cada vez que Juan pega a su hermana, su madre le deja de cara a la pared, sin poder jugar, durante varios minutos, o le confisca por un día su juguete preferido, o le deja sin postre de chocolate, es probable que la conducta de Juan de pegar a su hermana vaya desapareciendo paulatinamente, por lo menos en presencia de su madre).

Al igual que el refuerzo, el castigo puede ser de dos tipos: positivo y negativo (como ya se comentó anteriormente, los términos positivo y negativo hacen referencia a la aparición o desaparición de un elemento en el ambiente, respectivamente, no tienen nada que ver con las características de bueno o malo que habitualmente se concede a estos adjetivos). Veamos en qué consiste cada uno de ellos:

1. *Castigo positivo:* cuando la conducta va seguida de la aparición de un elemento o estímulo aversivo (desagradable o dañino para el sujeto) decimos que está sometida a un castigo positivo. Por ejemplo, si meto los dedos en el enchufe y me llevo una descarga eléctrica, si el padre de Mercedes le da un coscorrón cuando ella esparce el puré de verduras por la cocina o si la madre de Roberto le pega un grito cuando él está saltando en el sofá (en el hipotético caso de que los gritos de su madre hagan algún efecto en Roberto).

2. *Castigo negativo:* cuando la conducta va seguida de la desaparición de un elemento agradable para la persona decimos que está sometida a un castigo negativo. Los castigos negativos más frecuentes en la sociedad son las multas, pero también se puede considerar un castigo negativo la pérdida de la libertad, quedarse sin recreo, que te confisquen la Game Boy durante un día, que los padres o tutores apaguen la tele que mantiene embelesado al niño cuando éste no recoge su ropa o no se va a la cama, que tiren a la basura el chupete o la mantita del bebé, que nos dejen sin comer ese dulce que tanto nos apetece, etc.

En contra de lo que pueda parecer, aplicar adecuadamente un castigo no es sencillo. Hay que seguir unas reglas básicas, porque, de no hacerlo, el castigo resultará ineficaz. Estas reglas son:

a) Nunca se debe amenazar con un castigo si no se piensa aplicar el mismo. La amenaza vacía hace que perdamos credibilidad y que, cuando el castigo real llegue (si alguna vez lo hace), deje al niño sorprendido y confuso.

b) El castigo debe aplicarse, si es posible, **todas** las veces que aparece la conducta inadecuada. De este modo, se establece rápidamente la relación conducta-consecuencia y el niño aprende antes que su conducta no va a quedar impune.

c) Debe aplicarse tan *rápidamente* como sea posible (por la misma razón que en el punto anterior).

d) Debe ser suficientemente *molesto* para el niño, implicar una pérdida importante para él (perderse los dibujos animados que le gustan o su plato preferido).

e) Al castigo no debe seguirle un reforzador o un premio: a veces, uno de los padres castiga al niño y el otro (o él mismo) va a consolarle pasados unos minutos, y le abraza y le mima para que, por ejemplo, deje de llorar o de estar enfurruñado.

f) Antes de emplear el castigo, siempre es mejor explicar al niño cuáles van a ser, a partir de ese momento, las consecuencias de su conducta. De este modo, el niño aprenderá también con mayor rapidez. Se le puede repetir todas las veces: «Cada vez que pegues a Jacinta vas a estar encerrado en el cuarto cinco minutos» o «Como has pegado a Jacinta, vas a estar encerrado en el cuarto cinco minutos».

g) Por último (pero no menos importante), no es conveniente alterarse cuando se aplica un castigo, ni gritar, ni acompañarlo de expresiones como: «No te soporto más», «Me vas a matar a disgustos», «Estoy harta de ti». El castigo no puede aplicarse en función de lo más o menos enfadados que nos encontremos en un momento dado, sino, única y exclusivamente, de que el niño haya emitido la conducta inadmisible que necesitamos eliminar.

Si bien las reglas anteriores son básicas para que el castigo funcione, antes de emplearlo deberemos tener en cuenta las siguientes consideraciones:

1. No se debe utilizar el castigo si no es estrictamente necesario. Siempre es mejor intentar otros procedimientos

que no sean aversivos. A fin de cuentas, el castigo puede provocar reacciones emocionales negativas (rabia, ira, tristeza, culpabilidad...), tanto en quien lo recibe como en quien lo aplica.

2. Si necesitamos reducir o eliminar una conducta, casi seguro que tendremos que utilizar el castigo (positivo o negativo, como los que hemos comentado). Pero eso sólo enseña al niño lo que *no tiene* que hacer; no lo que *tiene* que hacer. Por tanto, es adecuado enseñar (y reforzar) al niño conductas alternativas a la que queremos eliminar (por ejemplo, castigaremos que Pedro revolee la comida sobre el mantel, la silla y la alfombra, y reforzaremos que se coma toda la ensalada sin manchar).

3. Nunca debe emplearse castigo físico. Es el tipo de castigo que más reacciones emocionales negativas provoca y estaríamos funcionando como un pésimo modelo para nuestros hijos (si pegamos al niño cuando hace algo que no queremos, le estamos enseñando que pegar sirve para conseguir algo; de modo que aprenderá a pegar).

En definitiva, los castigos negativos, más que los positivos, resultan adecuados cuando queremos reducir la conducta inadecuada de un niño, pero hay que recordar siempre que, además de castigar, debemos reforzar, fortalecer aquellos comportamientos que queremos que los niños hagan con frecuencia.

3.1.3. LAS CONSECUENCIAS CONTRADICTORIAS DE LAS CONDUCTAS

Como señalan Larroy y Puente (1995), en ocasiones, la misma conducta tiene consecuencias diferentes e incluso contradictorias, dependiendo de las circunstancias que rodean a la emisión de la conducta.

En algunos casos, las consecuencias pueden cambiar en función de la situación; por ejemplo, la conducta de jugar al fútbol es reforzada si ocurre en el patio del colegio, pero, por el contrario, es castigada si se produce en clase o en el salón de la casa. Estos casos, por otro lado lógicos y muy frecuentes, no son problemáticos, porque los niños acaban discriminando cuándo y en qué lugar deben realizar una conducta y cuándo y en qué lugar no. Sin embargo, en otras ocasiones, al niño no le resulta tan fácil diferenciar por qué, en circunstancias aparentemente similares, la misma conducta es unas veces reforzada, otras veces castigada y otras veces ignorada. Por ejemplo, ante la conducta de Jaime de pintar el marco de la puerta, en ocasiones, sus padres se ríen y comentan lo travieso que es, mientras que en otros momentos responden con un grito, un azote o aislándole en su habitación.

Otras veces, el castigo y el refuerzo siguen secuencialmente a la misma conducta (algo que ya se ha comentado que no debería ocurrir). Por ejemplo, los padres dan un cachete al niño por haber realizado alguna conducta indeseable y, a continuación, dado que sienten cierto remordimiento, se acercan a él y le explican «eso no se hace, ya sabes que mamá te pega por tu bien», le miman, e incluso le abrazan, o le besan. Como puede verse, en esta secuencia la misma conducta primero está siendo castigada y después reforzada con atención, caricias, etc.

Es también frecuente que exista desacuerdo entre el padre y la madre en el modo de reaccionar ante la conducta del niño, de forma que uno refuerza la conducta mientras el otro la castiga, o uno de ellos no apoya lo que el otro ha dicho o hecho.

En estas condiciones el niño no puede aprender a comportarse. No puede predecir cuáles son las consecuencias que va a tener su comportamiento, lo que favorece que manifieste la conducta indeseable (que, normalmente, a él le gusta), dado que no está claro cuáles son las consecuencias que ésta va a tener. Todo ello impedirá que internalice las pautas de comportamiento que los padres pretenden enseñarle y que aprenda qué se puede y qué no se puede hacer. Esta situación genera, además, desconcierto e inseguridad. En otros casos, el niño aprende a sacar ventajas del desacuerdo e inconsistencia de sus padres, lo que refuerza sus conductas desobedientes.

Por tanto, no debemos olvidar que, para que un niño aprenda, es necesario que una misma conducta tenga siempre el mismo tipo de consecuencias, dado que esto le permitirá distinguir qué es lo que está bien y qué es lo que está mal. De la misma manera, debemos estar atentos a reforzar la conducta apropiada, pero no la contraria.

3.1.4. CUANDO LA CONDUCTA NO TIENE CONSECUENCIAS: LA EXTINCIÓN

Tal y como hemos estado viendo hasta aquí, es esperable que si una conducta tiene consecuencias positivas (es reforzada), se haga más probable en el futuro. Si, por el contrario, una conducta tiene consecuencias negativas (es castigada), tenderá a no repetirse. Pero, ¿qué sucede cuando una conducta no provoca consecuencias, es decir, cuando no tiene ningún efecto?

Por ejemplo, veamos el caso de Julio, un niño de 5 años que lloriquea y se queja a su mamá constantemente porque otro niño le ha pegado. Es esperable que si la mamá de Julio le atiende, le mima, le presta atención, Julio repita esta conducta con frecuencia. Ahora bien, ¿qué sucederá si la mamá de Julio no responde de ninguna manera, si hace como si no ha oído, o simplemente se marcha de la habitación sin responder?

Para contestar a esta pregunta es necesario saber si la conducta de Julio es una conducta nueva, que ha aparecido por primera vez, o, por el contrario, es una conducta que ya tiene en su repertorio y que ha sido reforzada con anterioridad (Larroy y Puente, 1995).

En el caso de que sea la primera vez que Julio exhibe la conducta de quejarse, si cada vez que esta conducta aparece de nuevo, su madre hace como si no oyese y no muestra ningún interés ni atención por ella, es de esperar que Julio no consiga aprender dicha conducta, ya que desde el principio de su emisión no esta siendo reforzada. La madre de Julio está omitiendo atención, omitiendo reforzamiento a dicha conducta y, por tanto, es esperable que ésta no llegue a consolidarse, que no se aprenda.

Si, por el contrario, Julio ya había mostrado este comportamiento con anterioridad, y la mayor parte de las veces conseguía reforzamiento por ello (su madre le mimaba, se preocupaba por él, le preguntaba cómo había sido...), es de suponer que si, de repente, su madre decide no atenderle, la conducta de Julio no desaparezca sin más (más bien todo lo contrario). Al principio, la conducta de Julio tenderá a agravarse, y, posiblemente, al ver que su madre no le atiende, se quejará una y otra vez, cambiará su forma de comportarse (llorará, gemirá, etc.) e incluso es posible que aparezcan algunos comportamientos agresivos (dar patadas, golpear cosas...). Una vez producido este empeoramiento de la conducta, si su madre persiste en no reforzar, entonces la conducta de quejarse de Julio irá disminuyendo de forma paulatina al darse cuenta de que su mamá no va a prestarle atención por ella.

Es decir, cuando una conducta ha sido sometida a un reforzamiento previo y, en un momento dado, se comienza un proceso de extinción (se deja de reforzar dicha conducta), hay que esperar, al principio, un aumento de la frecuencia de la conducta, un agravamiento de la misma, incluso la aparición de ciertas conductas agresivas, y, posteriormente, una disminución gradual de la tasa de emisión de dicha conducta.

Es importante para los padres y educadores conocer estos primeros efectos indeseables de la extinción, con el fin de persistir en su comportamiento a pesar del aparente empeoramiento de la conducta, ya que si ante el incremento de la conducta indeseable desistimos o abandonamos, no sólo no ayudamos a la eliminación de dicho comportamiento, sino que enseñamos al niño que para ser reforzado ha de manifestar la conducta de forma cada vez más intensa o agresiva. Por ejemplo, Rosa le pide continuamente a su mamá que le compre un juguete, pero la mamá de Rosa, cansada ya de tener que plegarse a los deseos de la niña, ha decidido, por fin, no prestar atención a estas peticiones frecuentes e inadecuadas de Rosa, y no contesta. Rosa sigue pidiendo que le compre el juguete y su madre sigue sin contestar, Rosa agrava su conducta y empieza a chillar y a patalear pidiendo su juguete, se tira al suelo y todo el mundo, en el supermercado, la miran a ella y a su madre. Finalmente, la madre de Rosa, abochornada, le acaba comprando el juguete, para que se calle.

¿Qué es lo que Rosa aprenderá de dicha secuencia? En lugar de aprender que no debe pedir constantemente que le compren juguetes, que es lo que la madre le quería enseñar, Rosa aprende que cuando pide algo de forma «normal» no consigue su objetivo, pero cuando grita, chilla o patalea, sí. La madre de Rosa, al no insistir en su programa de extinción e interrumpirlo ante el agravamiento de la conducta, enseña a Rosa a mostrar comportamientos cada vez más inadecuados, en lugar de la conducta (abstenerse de pedir regalitos continuamente) que quería enseñarle.

3.2. Las conductas y sus antecedentes

Un hecho que a menudo confunde a los padres y educadores es por qué, con frecuencia, los niños manifiestan algunas conductas (rabietas, miedos, desobediencia, problemas con las comidas, agresiones...) sólo en determinadas circunstancias y situaciones y no en otras (una hora concreta del día, en casa de sus padres, en el colegio, en casa de sus abuelos, durante las vacaciones de verano...), en presencia de determinadas personas y no en presencia de otras (padre, madre, maestro, compañeros..) y ante unos estímulos concretos y no ante otros (una determinada comida, una determinada orden, un objeto...).

Para entender el porqué de este hecho es preciso tener en cuenta que, si una circunstancia, persona o situación están presentes cuando el niño emite una conducta que va seguida de una consecuencia agradable, la persona, la situación o la circunstancia en cuestión se convertirán en estímulos anunciadores del futuro reforzamiento de la conducta, y, por tanto, ésta se dará con mayor probabilidad en esas situaciones que en cualquiera otras. Por ejemplo, si la rabieta de Carlos va seguida de un reforzador positivo (conseguir lo que quiere) en su casa y ante su madre, pero no en el colegio y ante el maestro, es probable que, en el futuro, Carlos tenga rabietas en casa y ante su madre, pero no en el colegio. Si la conducta de llorar a la hora de irse a dormir es reforzada por la madre de José María, pero no por el padre, es esperable que el niño exhiba dicha conducta cuando está su madre, pero no cuando está su padre.

Las órdenes que damos a nuestros hijos son también antecedentes de su conducta. Parece evidente que la desobediencia del niño es función no sólo de las consecuencias que sobrevienen cuando se cumple o no se cumple una petición, sino también de la manera en que se hacen esas peticiones. Larroy y Puente (1998) inciden en la necesidad de dar las órdenes de manera clara y precisa, no recurriendo a sugerencias o interrogaciones retóricas para que el niño haga algo, dado que este tipo de mandatos ofrecen al niño la posibilidad de no ejecutar la orden, y por tanto, dejan una alternativa a la desobediencia. Por ejemplo, si la madre de Raquel quiere que ésta le ayude a poner la mesa, será más fácil que Raquel obedezca si su madre le dice: «Raquel, ayúdame a poner la mesa» que si le dice «¿Por qué no ayudas a mamá a poner la mesa? En el primer caso, la orden está enunciada de forma clara y no queda lugar a la duda; en el segundo caso, más que una orden, parece una sugerencia y la propia forma de enunciarla abre la posibilidad de que la niña se niegue a realizarla.

3.3. Resumen

En este capítulo se ha revisado cómo las conductas de los niños (y de los adultos) están controladas por sus consecuencias y por sus antecedentes. Así, cuando una conducta va seguida de un refuerzo (una consecuencia agradable para la persona, como la atención de los padres, una chuchería o más tiempo de juego), esa conducta tenderá a repetirse con frecuencia (lo mismo ocurrirá cuando la consecuencia de la conducta es la retirada o finalización de una situación desagradable, como un castigo). En estas ocasiones, decimos que la conducta está reforzada positivamente (aparece un premio) o negativamente (desparece un castigo). Hay que recordar que cuando se habla de reforzadores o premios, éstos no tienen por qué ser materiales (aunque muchas veces lo sean): la atención de los demás, las palabras cariñosas, los abrazos, las sonrisas y las miradas son unos magníficos reforzadores para todas las personas, incluidos los niños.

Por el contrario, cuando a una conducta le sigue una consecuencia desagradable para la persona, la conducta tenderá a hacerse menos frecuente o a eliminarse; en esos casos, hablamos de que la conducta va seguida de un castigo positivo (si aparece una situación aversiva o desagradable, como un grito o un pescozón) o de un castigo negativo (si ello implica la retirada de una situación agradable, como cuando apagamos la tele al niño).

En algunas ocasiones, la conducta no tiene consecuencias (la persona, el niño, no gana nada por emitir esa conducta, aunque antes sí lo hubiera logrado). En esas condiciones, hablamos de extinción: la conducta tenderá a desaparecer.

Las apariciones de las conductas están también mediadas por sus antecedentes, que son los que señalan la probabilidad de que la conducta sea reforzada o castigada: la abuela de Marina le compra todas las chucherías que la niña le pide, mientras que su madre no se las compra casi nunca, de modo que Marina aprende a pedir chuches a su abuela y no pedírselas a su madre.

CAPÍTULO 4

Identificación y evaluación de las conductas de desobediencia

4.1. La importancia de la observación

Probablemente, está usted leyendo este libro porque le preocupan las conductas de desobediencia de su hijo y pretende cambiarlas; ayudarle en este empeño es justamente el objetivo del libro. Pero, para poder cambiar algo, antes hay que conocerlo, y hay que conocerlo bien. Por eso, en este capítulo vamos a aprender a observar, a observar las conductas de los niños, a observar las consecuencias de esas conductas y a observar nuestro propio comportamiento.

Observar es muy importante, y los adultos no estamos acostumbrados a hacerlo con frecuencia en nuestra vida diaria. Más bien, por el contrario, tendemos a «etiquetar» a las personas (Javier es muy revoltoso, Fran es un niño muy inquieto, mientras que su hermano Alejandro es muy tranquilo, etc.). Etiquetar es una forma rápida de comunicar algo, pero también es una forma muy imprecisa (¿puede saber usted ahora lo que hace Fran o lo que hace Alejandro?). Además, la etiquetación hace referencia a una estabilidad permanente de la conducta, a un rasgo inmanente de la persona (que, además, no es cierto, porque, en ocasiones, Fran se sienta a mirar tranquilamente la tele y Alejandro tira al suelo los juguetes porque se ha enfadado). Por último, la etiquetación de las personas tiende a hacerlas

«incambiables» (es decir, tenderemos a pensar que Fran siempre va a ser inquieto y que Alejandro siempre va a ser un niño tranquilo y que eso no lo vamos a poder modificar). Por tanto, etiquetar es una mala práctica.

Mucho mejor que etiquetar es describir: describir las conductas del niño que queremos cambiar, y también describir nuestras propias reacciones (cuáles son, cómo y cuándo se producen) ante la conducta del niño, lo que, como se ha visto, es crucial para lograr el cambio deseado.

Observar y describir no es un proceso fácil, y requiere que previamente, aprendamos algunas habilidades: a definir las conductas de forma adecuada; a determinar la característica de la conducta que queremos cambiar (casi siempre es frecuencia, pero también puede ser duración, intensidad, etc.); a registrar con lápiz y papel esas características, etc.

De acuerdo con Larroy y Puente (1995) y con lo que se ha comentado antes, los adultos nos hemos acostumbrado a usar un lenguaje poco descriptivo que deja mucho margen a la interpretación. Casi todos nos hemos encontrado con problemas a la hora de cambiar impresiones sobre nuestros hijos con personas que también están encargadas de su cuidado, como la cuidadora, la maestra o la pediatra. Si usted le dice a su pediatra que el niño «está malo», él o ella le pedirá rápidamente que especifique cuáles son los síntomas concretos que presenta el niño, le hará algunas pruebas, le mirará, etc. Otras veces, se dará cuenta, al cabo de un rato, de que usted y la maestra de su hijo están hablando de cosas distintas y que no le ha quedado claro qué ha querido decir ella al mencionar que Laura es una niña difícil. Es posible que al hablar con otros familiares todos coincidan en que sus respectivos hijos, a pesar de todo, son unos encantos, aunque cada uno lo piense por distintos motivos. La interpretación que cada uno hace de sus propias palabras y de las del vecino no asegura, en absoluto, el acuerdo entre las partes. Decir que Fran es inquieto, ¿qué significa realmente?: ¿que se levanta del sillón siete u ocho veces mientras ve la tele?, ¿que tira la comida fuera del plato?, ¿que no se concentra en los estudios?, ¿que corre de un lado a otro del pasillo sin parar?,

¿que duerme mal y se despierta y levanta de la cama varias veces durante la noche?, ¿que se ha tirado por un tobogán demasiado alto?, ¿que se escapó por el parque sin hacer caso de los gritos de su madre?, ¿todo lo anterior? ¿Es cierto que Fran es tan «inquieto» o es que sus padres exageran en sus críticas? Si preguntáramos a 100 personas qué significa «ser inquieto» (o «ser tranquilo» o «ser travieso»), seguramente tendríamos otras tantas definiciones distintas. Es posible que lo que para una persona es ser inquieto para otra sea una expresión de la vitalidad del niño o un comportamiento típico de su etapa evolutiva. Por eso es necesario que, antes de pretender cambiar la conducta de su hijo, sea capaz de especificar y describir claramente qué es con exactitud lo que desea cambiar.

La *interpretación* es uno de los problemas con que nos encontramos al emplear un lenguaje poco preciso. Otro de los problemas es la *vaguedad*. La vaguedad interfiere con cualquier intento de medición o cuantificación de la actividad de su hijo. Una madre puede quejarse de que su hijo se despierta «muchas veces» por la noche o que pasa «mucho rato» despierto, llamándola, después de haberlo acostado. En este caso, la conducta estaría bien definida (casi todo el mundo está de acuerdo en qué significa despertarse o llamar); sin embargo, no podemos cuantificarla por la vaguedad del resto de los términos. «Muchas veces» pueden ser 10, 20 o 30; «Mucho rato» puede ser 30 minutos o una hora; si no cuantificamos estos términos, no podremos compararlos con las veces que se despierta el niño o el tiempo que permanece despierto llamando a su madre después de haber aplicado un determinado tratamiento, por lo que no podemos comprobar si éste es o no eficaz y si debemos seguir utilizándolo. Por tanto, a la hora de describir una conducta, debemos intentar evitar la pobreza de las definiciones y de las descripciones (Larroy y Puente, 1995).

Por último, hay que considerar también que los juicios sobre las conductas tienden a cambiar, no sólo con el paso del tiempo, sino también de una situación a otra, y dependen, asimismo, del humor de quien los formula. Por ejemplo, la maestra de Alicia considera que es una niña muy tranquila, que nunca se pelea con los demás niños, ni alborota la clase, ni provoca ningún problema. Un año después, considera que esa tranquilidad es excesiva y que lo que le ocurre a Alicia es que presenta una incapacidad para relacionarse con los demás (la niña sigue comportándose igual que siempre).

Otro ejemplo: acaba de enterarse de que le han tocado varios millones en la lotería. Cuando llega a casa, su hijo Javier (4 años) está saltando encima del sofá. Usted le sonríe: «Salta, salta, que ya podemos comprarnos uno nuevo y tirar este vejestorio». Imagine ahora la misma situación, pero, en vez de la lotería, hoy le ha tocado hacer un trabajo difícil y pesado. Cuando llega a su coche, ve que le han roto el cristal y le han robado la radio, y, para colmo, su plaza de garaje está ocupada por una camioneta de propietario desconocido. Cuando ve a Javier saltando en el sofá, no puede contenerse y lo lleva de la oreja hasta su cuarto, mientras le regaña: «Eres de la piel del diablo, siempre estás haciéndome perrerías, nunca haces nada bueno». La conducta del niño es la misma en ambas ocasiones, pero usted las enjuicia de distinta manera dependiendo de su estado de humor. Así pues, es importante recordar que, en aras de la claridad, debe evitar hacer juicios y, por el contrario, ha de intentar describir justamente lo que pasa. Lo habrá conseguido si se las arregla para describir una conducta de su hijo de modo que signifique lo mismo para la mayoría de la gente que lo oiga. Éste será el primer paso para poder observarla y modificarla (Larroy y Puente, 1995).

4.2. Describir bien las conductas

Ya se ha comentado que describir de forma adecuada las conductas no siempre es fácil, porque los adultos estamos acostumbrados a etiquetar. Sin embargo, con un poco de práctica, se puede conseguir. Para comenzar, vamos a ver qué tal se nos da distinguir las definiciones correctas o incorrectas de las conductas. Por favor, conteste si las descripciones de las siguientes conductas son o no claras:

a) Mariana es una niña muy gritona.

b) Pablo se levantó hoy del asiento siete veces durante la comida.

c) Alejandro disfruta mucho en la escuela.

d) Lucía se portó mal en la mesa durante la comida.

e) Es normal que los niños de 2 años tengan rabietas.

f) Andrea se lava la cara todas las mañanas.

g) Juan no come para no engordar.

La frase *a*) no es una buena descripción de la conducta de Mariana. Se puede considerar que Mariana es gritona si la niña grita todos los días, si lo hace durante un tiempo prolongado o si un día a la semana le da por gritar sin parar. Los objetivos (y los métodos) de cambio serán distintos en cada una de estas tres situaciones. Realmente, la frase no nos indica qué es lo que hace Mariana, ni cómo, ni cuándo (ni siquiera, si nuestra valoración de lo que es «ser gritona» es auténtica o es compartida por la mayoría de la gente). Una descripción adecuada de la conducta de Mariana podría ser, por ejemplo, la siguiente: «Mariana grita durante diez minutos cada vez que su madre la baña».

La frase *b*) sí es una buena descriptora de la conducta de Pablo: sabemos qué es lo que ha hecho (levantarse de la silla), cuándo lo ha hecho (hoy) en qué momento (durante la comida) y cuántas veces. La conducta de Pablo se expresa en términos que podemos medir y contabilizar. Es muy importante contar con estos datos para estar seguros de que los métodos de cambio que aplicaremos logran o no su objetivo.

La frase *c*) no es clara. «Disfrutar mucho» es una descripción subjetiva, que no nos dice qué hace exactamente Alejandro, cuánto disfruta de cada una de sus actividades, durante cuánto tiempo disfruta, ni cómo manifiesta ese disfrute. No podemos comparar esta experiencia con otras pasadas o futuras, no la podemos cuantificar, ni medir. Alternativamente, podemos decir que Alejandro sonríe durante el 70 por 100 del tiempo que pasa en la escuela, o que hoy ha dicho quince veces en casa que lo ha pasado muy bien en el recreo.

La frase *d*) tampoco es una buena descriptora de la conducta de Lucía. Portarse mal puede ser tirar la leche, comer con los dedos, jugar con la comida, hacer ruido al masticar, molestar a los demás con los cubiertos... Además, lo que un padre puede considerar comportamiento incorrecto en la mesa, para otro puede no ser más que una falta de habilidad propia de la edad de la niña.

La frase *e*) no es clara. Si hubiéramos dicho: «Es frecuente que los niños de 2 años se tiren al suelo, pataleen, lloren y griten cuando no consiguen aquello que desean», todos sabríamos de qué estamos hablando, qué conductas hacen los niños, y en qué situaciones las hacen. Si sólo decimos: «Es normal que tengan rabietas», estos aspectos de la situación pueden no entenderse.

La frase *f*) es una buena descripción de la conducta de Andrea: sabemos que se lava la cara (conducta), todos los días (frecuencia) por la mañana (momento de ocurrencia de la conducta). La frase refleja el comportamiento de Andrea en términos que podemos medir y que nos sirven para compararla con la conducta de otras niñas, con la misma conducta en el pasado y/o en el futuro, o con otras conductas de Andrea.

La frase *g*) tampoco está bien definida: además de no saber cuánto ni qué come Juan, la frase incluye la descripción de las motivaciones de la conducta (para no engordar), algo que nosotros no podemos observar (recuerde, observar es definir, describir y contar aquello que podemos ver con los ojos, pero nada más). Podemos definir la conducta de Juan diciendo que hoy en el almuerzo ha comido un plato pequeño de lechuga y una manzana.

Veamos ahora algunos ejemplos más de definiciones vagas y precisas y cómo a cada definición vaga pueden corresponderle varias definiciones concretas. A continuación, se le ofrecen otros ejemplos de conductas mal definidas y algunas de las posibles alternativas adecuadas.

TABLA 4.1
Ejemplos de definiciones vagas y correctas de las conductas
(Larroy y Puente, 1995)

VAGAS	PRECISAS
Margarita lo pasa muy mal en la guardería.	Margarita llora alrededor de media hora antes de incorporarse a los juegos. Margarita permanece sentada y cruzada de brazos toda la mañana. Margarita no habla con sus compañeros durante el recreo. Margarita permanece agarrada a la valla del jardín llorando y gritando hasta que su madre se pierde de vista.
Carlos tiene rabietas en clase.	Carlos se tira al suelo y patalea a la puerta de clase. Carlos pasa la primera media hora de clase llorando y gimiendo en voz alta. Carlos permanece alrededor de diez minutos de cara a la pared, golpeándola y chillando.
Marta es una niña muy desobediente.	Marta se ha negado tres veces a recoger su habitación. Marta ha ignorado las órdenes de su madre (dadas cuatro veces) de lavarse la cara. Marta sólo hace lo que se le pide después de recibir tres o cuatro veces la misma instrucción.
Pepe se portó muy bien esta mañana.	Pepe ha permanecido sentado mientras su hermana le contaba un cuento. Pepe ha jugado con los bloques durante una hora y ha estado sentado y callado mientras veía dibujos animados. Pepe ha puesto los vasos y los platos en la mesa antes de comer.

Recuerde, habrá definido la conducta en términos observables y mesurables si significan lo mismo para la mayoría de la gente. Lo ideal sería que pudiera contestar «SÍ» a las siguientes preguntas (Peine y Howarth, 1990):

— ¿Bastaría la descripción de la conducta para que dos personas se pusieran de acuerdo en lo que el niño está haciendo?

— ¿Basta la descripción de la conducta para saber cómo o cuándo comienza y acaba, o cuántas veces aparece?

— La descripción de la conducta, ¿es lo suficientemente clara como para seguir siendo la misma, independientemente del tiempo transcurrido, de los lugares donde se dé o del humor que usted tenga?

Si es capaz de definir así las conductas de sus hijos, ¡enhorabuena!, ya va a poder observarlos. Si no, no se preocupe, ésta es una habilidad que requiere cierto tiempo, pero, con la práctica, todo el mundo alcanza.

Recuerde, además, que si no se definen claramente los aspectos que le preocupan de la conducta de su hijo (forma en que se da, su frecuencia, duración o intensidad), tendrá dificultades en comunicar el problema a los demás, en estimar su gravedad y en iniciar el cambio de este comportamiento.

4.3. Observar y registrar

Una vez que ya sabemos cómo describir la conducta del niño, deberemos precisar qué característica de la conducta es la que vamos a observar. Las conductas se producen un determinado número de veces (frecuencia); se prolongan durante un tiempo (duración); aparecen o no en determinadas circunstancias (intervalos) o se dan con un cierto grado de intensidad. Lo adecuado será medir, en cada ocasión, la característica que mejor nos ayude a cambiar la conducta del niño. Veamos algunos ejemplos:

a) Al niño le cuesta horrores tomar la fruta y pasan horas hasta que, mal que bien, se acaba la merienda. Usted ya no sabe qué hacer para que el niño se coma la fruta (toda) y para que no tarde tanto. Para el primer objetivo (ver cuánta fruta come), sería adecuado un registro de cantidad (por ejemplo, el niño ha comido un puré o una macedonia hechos con medio plátano, una naranja, media pera y media manzana); para el segundo objetivo (cuánto tarda), sería más adecuado un registro de duración (el tiempo que transcurre entre el primer bocado y el último). Si el niño siempre merienda un puré de frutas hecho con las mismas cantidades y tomado a cucharadas, pero rechaza (escupe, tira, manotea...) unas cuantas de esas cucharadas y a nosotros nos interesa saber qué (cuánto) deja de comer el niño, sería mejor observar y registrar la frecuencia (número de cucharadas que el niño rechaza en cada merienda). Pero si el niño merienda cada día un puré distinto, nos interesará saber cuántas cucharadas (del total que le ofrecemos) rechaza cada día, lo que supone un registro de proporción. Como puede apreciarse, de una misma conducta podemos considerar varias características distintas y, por tanto, hacer observaciones y registros distintos. Veamos otros ejemplos[1]:

b) Su hijo duerme muy mal por las noches, se despierta regularmente, llora durante unos minutos y después se vuelve a dormir. En este caso es conveniente evaluar la frecuencia de la conducta, el número de veces que ocurre cada noche (¿es posible que esté usted tan cansado que le parezca que se despierta cada dos por tres y que esto no sea así?) La observación y el registro de este tipo de conductas ayuda muchas veces a los padres a darse cuenta de que «no es tan fiero el león como lo pintan» y de que las conductas desadaptativas o molestas de sus hijos no se presentan tan a menudo como ellos creen.

c) Aunque Miguel no se despierta durante la noche, pasa un largo tiempo desde que se acuesta hasta que se duerme. Durante ese tiempo, reclama a su madre varias veces: que si agua, que si pis, que si un cuento, que si hay un monstruo en la ventana, que si no quiere dormir, que si mamá se puede quedar un rato... Su madre está cansada ya de pasarse un rato largo todas las noches atendiendo a las peticiones del niño, así que decide registrar

---

[1] Del libro de Larroy y Puente (1995) *El niño desobediente. Estrategias para su control.*

durante cuánto tiempo permanece Miguel despierto después de acostarse (no el número de peticiones, pues éstas pueden ser pocas, pero darse muy espaciadas, y a la madre de Miguel lo que le interesa es reducir el tiempo que el niño permanece despierto).

d) El problema de Jorge es que nunca obedece, o, al menos, así lo piensa su padre. Sin embargo, es muy posible que Jorge sí atienda a algunas de las peticiones que se le hacen. En este caso, hay que anotar tanto las peticiones u órdenes que cumple como las que ignora y las que se niega a realizar. Un registro de este tipo nos dará información sobre la proporción de peticiones aceptadas por el niño, pero nos dará también información del número y tipo de peticiones que le hace su padre (quizá sean excesivas, o quizá, sin darse cuenta, su padre le da sólo aquellas instrucciones que va a desobedecer o ignorar).

e) A veces, la conducta de Paco de decir tacos se incrementa cuando juega con su primito Luis, cuando sabe que la abuelita le está escuchando o cuando su hermano mayor, Carlos, está presente, pero se reduce drásticamente en presencia de su padre. Es posible que no nos interese tanto saber cuántos tacos dice Paco al día (dado que el número varía mucho en función de las circunstancias), sino cuándo y en qué momentos los dice. Para ello, emplearemos un registro de intervalos o de secuencias.

Seguro que, a estas alturas, ya se ha dado cuenta de que observar consiste, ni más ni menos, que en contar: contar cuántas veces se emite una conducta, o cuánto dura, o cuándo aparece. Pero, además de observar, debemos registrar lo observado (si no, la memoria nos puede jugar una mala pasada). Registrar el comportamiento de los niños es necesario cuando se pretende cambiar éste, y hay que hacerlo antes, durante y después de aplicar cualquier estrategia de intervención. De ese modo, puede comprobarse si la estrategia es adecuada a los fines que se buscaban (sirve para reducir o incrementar la conducta tal y como queríamos) o no se está mostrando eficaz y hay que emplear otra. Pero, además, el registro nos ayuda a ser conscientes de nuestras propias conductas con los niños y de las circunstancias en las que éstas se desarrollan. Así, por ejemplo, es posible que se dé cuenta, gracias al registro, de que le molesta mucho más la conducta de jugar a gritos de su hija (y, en consecuencia, la regaña mucho más) cuando está usted cansado o irritado, o que, en realidad, Jaimito no desobedece tantas órdenes como creía, si éstas provienen de mamá. También el registro le ayudará a darse cuenta de los pequeños cambios, apenas perceptibles de otro modo, que va experimentando la conducta de su hijo. Puede parecer engorroso y complicado al principio, pero los adultos estamos acostumbrados a medir (lo hacemos con mucha frecuencia) y rápidamente se acostumbrará a ello. A fin de cuentas, ésta es una acción habitual para usted, que repite en muchas ocasiones, aunque no se haya percatado de ello. Por ejemplo, nota que su hijo tiene la frente y las manos demasiado calientes: le pone el termómetro para medir la temperatura (contar cuantos grados tiene) y decide darle una aspirina (estrategia de intervención); al rato, vuelve a ponerle el termómetro, para ver si la fiebre va bajando (registra usted si su intervención está siendo útil); al cabo de unas horas, vuelve a poner el termómetro, para ver si la fiebre ha desaparecido (es decir, comprueba la temperatura para decidir si su intervención ha sido eficaz, o si debe prolongarse más tiempo, o suspenderse, por ineficaz). Pues igual que hace usted con la fiebre de su hijo, puede hacer con cualquier conducta.

Vamos a ver con más detalle cómo se cuenta en cada una de las ocasiones.

4.3.1. CONTAR EL NÚMERO DE VECES (REGISTRO DE FRECUENCIAS)

Como ya se ha comentado, el registro de frecuencias está destinado a contar el número de veces que aparece una conducta en un período determinado de tiempo. Para ello, se requiere:

a) Establecer el tiempo de observación (si es posible, siempre el mismo).

b) Definir la conducta.

c) Registrar cada vez que aparece la conducta en el período de tiempo establecido.

d) Anotar el total de las conductas.

e) Hallar la media (la suma del total de conductas, dividida entre el número de períodos de observación), lo que nos resultará muy útil para ir viendo cómo evoluciona la conducta del niño después de aplicar una determinada estrategia.

Por ejemplo, la madre de Manuel (que está desesperada porque su niño se pasa la noche despierto dando la lata) cuenta cuántas veces le llama el niño por la noche y, después de anotar durante una semana, consigue el siguiente registro:

DÍA	VECES	TOTAL	OBSERVACIONES
Lunes	/ / / / / / / / / / / / /	13	Se acostó temprano
Martes	/ / / / / / / /	8	No durmió siesta
Miércoles	/ / / / / / / / / / /	11	—
Jueves	/ / / / / / /	7	No durmió siesta
Viernes	/ / / / / / / / / /	10	—
Sábado	/ / / / / / / / / /	10	—
Domingo	/ / / / / / /	7	No durmió siesta
Media semanal		**9,42**	—

Como puede verse, a veces, es conveniente incluir un apartado de observaciones, que nos puede ayudar a comprender los cambios de la conducta que se producen en los distintos días (como ocurre, en este caso, el martes, el jueves y el domingo, días en que el niño no ha dormido siesta).

4.3.2. Contar cuánto dura (registro de duración)

Ya sabemos que, en ocasiones, más importante que la frecuencia es la duración de una determinada conducta. Por ejemplo, si queremos que nuestro hijo pase más tiempo estudiando, o menos con la Play, éste es el registro que debemos utilizar. Para completar correctamente un registro de duración, debemos:

a) Establecer el período de observación.

b) Definir la conducta (con un inicio y un final claramente distinguibles).

c) Anotar el momento de comienzo y fin de cada conducta.

d) Anotar la duración de cada una de las conductas que aparezcan en el período de observación.

e) Hallar la duración total de la conducta por período.

f) Hallar la media.

A Raúl (8 años) le encanta ver la televisión y lo primero que hace al llegar a casa es encenderla. Su madre le permite que la vea mientras merienda y cena, pero se da cuenta de que Raúl cada día tarda más en merendar y cenar, y que alarga a propósito estas actividades para ver más tiempo la tele (lo que le resta tiempo para otras tareas, como la ducha o los deberes). La madre de Raúl completó este registro:

Días	Merienda	Cena	Total
Lunes	17-17,48 48'	20,23-21,15 52'	100'
Martes	16,50-17,30 40'	20,31-21,25 56'	106'
Miércoles	16,53-17,32 39´	20,35-21,36 61'	100'
Jueves	17,03-17,49 46'	20,28-21,24 56'	102'
Viernes	16,51-18,24 93'	20,45-21,35 50'	143'
Sábado	Vio la tele muchas veces	—	—
Domingo	Vio la tele muchas veces, también por la mañana	—	—
Media semanal			**553/5 = 102,6'**

En este caso, la madre de Raúl halló la media semanal sólo considerando los días que había registrado, los días de diario, porque, durante los festivos, Raúl veía la tele a todas horas. Hubiera sido mejor que la madre completara el registro anotando la duración de *todas* las conductas, incluidas las del fin de semana, pero, a veces, eso es complicado (por ejemplo, los padres salen y el niño se queda viendo la tele y no pueden saber durante cuánto tiempo). En cualquier caso, es mejor tener el registro de cinco días que no tener ninguno.

4.3.3. CONTAR SI LA CONDUCTA APARECE (REGISTRO DE INTERVALOS)

En ocasiones, no es posible registrar todas las veces que aparece una conducta, bien porque ésta es muy frecuente, bien porque no sabemos cuándo ha comenzado o cuánto tiempo está durando. Para este tipo de conductas, podemos utilizar los registros de intervalos. Para ello, se divide el período diario de observación en intervalos de tiempo iguales (por ejemplo, de media hora, de una hora, etc.). Al finalizar cada intervalo, se anota si la conducta ha aparecido o no durante éste (solamente anotamos si la conducta ha aparecido, no cuántas veces ha aparecido, ni cuánto ha durado). Este tipo de registros puede ser muy útil y es mucho más cómodo de llevar a cabo que el registro de frecuencia; sin embargo, se pierde información, y mayor es la pérdida cuanto mayores sean los intervalos, por lo que sería adecuado hacer éstos tan pequeños como sea posible. Vamos a ver un ejemplo[2].

Roque, de 20 meses, rechina los dientes con mucha frecuencia. A su madre, además de resultarle el sonido muy desagradable, el pediatra le ha dicho que esta conducta de Roque puede ser perjudicial para su dentadura en el futuro, y que hay que eliminarla. La madre de Roque no puede pasarse todo el día con el lápiz y el papel en la mano, detrás del niño, para ver

---

[2] De Larroy y Puente (1995).

cuántas veces rechina los dientes, así que ha decidido utilizar un registro de intervalos de media hora. Para ello, prepara una hoja de papel para cada día y divide el tiempo en que Roque está despierto (dormido no lo hace nunca) en intervalos de media hora. Después, y como es un poco despistada, programa un despertador, reloj de pulsera o el reloj de la cocina, para que suene cada media hora. Cada vez que el reloj suena, la madre de Roque apunta si el niño ha rechinado o no los dientes en la media hora anterior, simplemente poniendo una señal (X = SÍ; 0 = NO) en la columna correspondiente. Un ejemplo de estos registros es el siguiente:

9,30-10,00	X	14,30-15,00	X
10,00-10,30	X	15,00-15,30	0
10,30-11,00	X	15,30-16,00	X
11,00-11,30	0	16,00-16,30	X
11,30-12,00	0	16,30-17,00	X
12,00-12,30	X	17,00-17,30	X
12,30-13,00	X	17,30-18,00	0
13,00-13,30	X	18,00-18,30	X
13,30-14,00	0	18,30-19,00	X
14,00-14,30	X	19,00-19,30	X
Total apariciones: 15			

Si la madre de Roque hubiera escogido períodos de 15 minutos, la información sería más precisa; si hubiera escogido períodos de una hora, la información sería menos precisa (por ejemplo, no habría podido darse cuenta o registrar que Roque no rechinó los dientes entre las 11,00 y las 11,30, o entre las 13,30 y las 14,00). Cada uno tiene que encontrar el punto adecuado entre la precisión de la información y la posibilidad de llevar a cabo el registro. Para tomar esa decisión, habrá que tener en cuenta, también, la frecuencia con la que se da la conducta: comportamientos muy frecuentes requieren de intervalos más cortos que aquellos que aparecen menos veces.

4.3.4. CONTAR CUÁNTAS VECES PUEDEN DARSE LAS CONDUCTAS (REGISTRO DE PROPORCIÓN)

En este registro, contamos cuántas veces aparece la conducta respecto al número total de veces que podía haber aparecido (es decir, hallamos el porcentaje de veces de ocurrencia de la conducta). Es muy útil para evaluar progresos cuando entrenamos al niño en una habilidad nueva (ayudar en casa, hacer los deberes, cumplir órdenes, etc.), porque lo que importa no es el número total de conductas del niño, sino cuántas hace bien del total que podía haber hecho. Un registro así es el que hizo el padre de Marina, a la que pidió colaboración en casa. Como Marina ya tiene 8 años, sus padres consideran que puede encargarse de tareas como recoger los juguetes, llevar la ropa sucia al lavadero (en vez de desperdigarla por el baño y la habitación) o jugar con Lola, su hermana menor. Decide averiguar qué proporción de estas peticiones atiende Marina. Primero, determina que una petición o instrucción se considerará obedecida si Marina la cumple o empieza a hacerlo en un plazo inferior a tres minutos, y sin que se le diga más de una vez (es decir, el padre o la madre dan la instrucción y esperan tres minutos antes de repetirla, pero si la repiten, la instrucción no se considera obedecida correctamente). Acordaron que evaluarían la conducta de Marina con tres posibles respuestas: que contestara correctamente a la petición (se anota con el signo +); que obedeciera, pero después de los tres minutos o de que se lo hubieran pedido varias veces (se anota con el signo –), o que no obedeciera en absoluto (se anota con un signo 0). El registro que obtuvo el padre de Marina fue el siguiente:

DÍA	RECOGER JUGUETES	RECOGER ROPA	JUGAR CON HERMANA	COMENTARIOS
Lunes	–	0	+	Jugó toda la tarde con Lola
Martes	+	+	+	Vino la abuela
Miércoles	0	0	–	Tenía mucho sueño
Jueves	–	0	+	Enfado con Marina, no cena
Viernes	+	+	–	Mañana vamos al cine
Sábado	+	+	+	Fuimos al cine
Domingo	+	0	+, –	—

Lo que el padre de Marina ha registrado es que la niña ha cumplido correctamente el 57 por 100 de las peticiones de recoger los juguetes (4 de 7), el 43 por 100 de las instrucciones de recoger la ropa (3 de 7) y el 71 por 100 de las peticiones de jugar con su hermana. También se ha dado cuenta de que las conductas de desobediencia total (las marcadas con 0) no son, en realidad, tantas: el 14 por 100 para recoger juguetes; el 57 por 100 para recoger la ropa (se ve que a Marina le fastidia mucho esta tarea) y el 0 por 100 para jugar con la hermana menor.

Este tipo de información es más válido para controlar la eficacia de la intervención posterior que la mera enumeración de las peticiones atendidas correctamente.

Como en los registros anteriores, se ha considerado oportuno recoger determinadas circunstancias que pueden influir en la conducta de Marina. Así, por ejemplo, podríamos observar que ha cumplido correctamente más peticiones los días que parece haber una ruptura en la rutina (viene la abuela, su padre le promete llevarla al cine, van al cine, etc.). De todos modos, el padre de Marina se da cuenta, a la vista de los resultados del registro, que la niña cumple correctamente más peticiones de las que él creía, y que estaba equivocado al pensar que era completamente desobediente. También, a la vista del registro, el padre podría considerar cambiar la tarea de recoger la ropa (la que más incumple Marina) por otra (ayudar a poner la mesa), o, mejor aún, reforzar mucho a Marina cuando ésta sí recoja su ropa (abrazarla, besarla, decirle lo contento que está porque la niña ha cumplido con su tarea, una piruleta de vez en cuando, etc.).

Como ya hemos comentado, el registro de proporciones se utiliza también frecuentemente cuando queremos conocer el progreso de una persona en una determinada habilidad. Por ejemplo, es útil contar el porcentaje de respuestas correctas en la realización de ejercicios de lectura o de cálculo, o el porcentaje de veces que un niño que está aprendiendo control de esfínteres pide el pis a tiempo, o la proporción de letras que es capaz de escribir correctamente el niño, etc. (fíjese en que hacemos hincapié en registrar las conductas positivas: resolver adecuadamente los ejercicios, controlar el pis, etc., y no en las negativas, que es lo que muchas veces, erróneamente, se hace. Es mucho más motivador ir viendo cómo aumentan los progresos que ver cómo disminuyen los fracasos).

4.3.5. POR QUÉ OCURREN LAS CONDUCTAS (REGISTRO DE SECUENCIAS)

En ocasiones, nos interesa saber bajo qué circunstancias se dan o no las conductas y por qué ocurre así. En estos casos, lo más adecuado es hacer un registro de secuencias, en el que anotaremos qué pasa antes y después de que se dé la conducta del niño. Recordando el capítulo anterior, comprobamos cómo las conductas están mantenidas por sus consecuencias y también por sus antecedentes. Pues bien, en el registro de secuencias, lo que hacemos es anotar tanto unas como otros en relación con la conducta del niño. Éste es el registro que hizo Tomás, padre de Desi, una niña de 7 años a la que le cuesta mucho sentarse a comer.

DÍA	ANTECEDENTES	CONDUCTA	CONSECUENCIAS
2 enero	Su madre la llama a comer (3 veces)	Desi se sienta	Su madre la regaña por haber tardado tanto
	La llamo para la cena	Sigue jugando en su cuarto	Voy a buscarla y la traigo del brazo, regañándola
3 enero	Su madre la llama para desayunar	La niña se sienta a la mesa	Nada
	Su madre la llama para comer (4 veces)	Desi se sienta a la mesa	Mi mujer no le dice nada, yo le recrimino sin insistencia que nos haga esperar
	Su madre la llama para la cena (2 veces)	Desi se sienta	No le decimos nada

En este registro podemos ver que, aunque Desi cumpla la instrucción (acude a la mesa puntualmente o con un ligero retraso), los padres nunca la refuerzan. Los padres tampoco aplican bien los castigos (la regañan, sin más o no le dicen nada), por lo que es comprensible que la conducta de Desi se mantenga como está. En este caso, los padres de Desi deberían plantearse reforzar a la niña cuando acudiera a la primera o segunda llamada (casi ningún niño se sienta a la mesa a la primera llamada, sobre todo si está jugando), ignorar su conducta si acude a la tercera o cuarta llamada (no decirle nada) y decidieran qué hacer cuando la niña no acude (dejarla sin tele o sin chocolate después de cenar).

4.4. ¿Cómo, quién, cuándo, dónde...?

Además de saber qué registrar (la conducta, en la característica específica que hayamos decidido), éstas son las decisiones que habremos de tomar antes de llevar a cabo un registro.

Quién: normalmente, registrarán las conductas del niño aquellas personas que convivan más tiempo con él o que estén presentes cuando se manifiesten las conductas que queremos observar: la madre, el padre, la cuidadora, la profesora, algún hermano mayor o los abuelos. No importa quién sea, pero sí que sepa cómo hacerlo.

Cuándo: es evidente que no podemos pasarnos el día con un papel y un lápiz en la mano, hay otras muchas cosas que hacer; así, que debemos escoger unos determinados momentos del día para poder registrar. Es importante que se decida de antemano cuándo y durante cuánto tiempo, en cada ocasión, se va a llevar a cabo el registro, y mantener esas condiciones día a día tan similares como sea posible. Por ejemplo, usted puede querer registrar la conducta de lloro de su hijo, pero, en vez de registrar durante todo el día, va a registrar de 8,00 a 9,00 de la mañana, de 3,00 a 4,00 de la tarde y de 8,00 a 9,00 de la noche. En ese caso, todos los días deberá registrar durante las mismas horas y por el mismo tiempo, para que los datos tengan algún significado.

Dónde: esta decisión depende de si la conducta se da sólo en unas situaciones determinadas (por ejemplo, Juan es un diablo en casa, pero en la escuela se comporta razonablemente o Marina sólo se pelea con su hermano Nacho, pero con Lola se lleva muy bien), o se da en todas las situaciones (a Fran le cuesta comer en casa, en el colegio, en casa de sus tíos, en los restaurantes...). Evidentemente, tenemos que registrar la conducta en aquellas situaciones en las que aparece (y, en su caso, en las que querríamos que apareciera).

Cómo: lo ideal es que siempre se registrara en condiciones similares. Sin embargo, esto no es siempre posible. Para esta eventualidad, podemos utilizar un truquillo estadístico, hallar la tasa de conductas por hora de observación. Veamos un ejemplo. Imaginemos que la madre de Carlos ha hecho el registro siguiente:

	LUNES	MARTES	MIÉRC.	JUEVES	VIERNES	SÁBADO	DOMINGO
Tiempo	60'	60'	90'	45'	90'	60'	60'
Lloros	18	13	20	8	10	12	10

¿Podríamos decir que Carlos lloró menos el jueves y más el miércoles, según estos datos? Evidentemente, esto sería un error, porque no sólo varía la frecuencia de los lloros, sino también el tiempo que su madre dedica a observar a Carlos. A veces, es muy difícil mantener estable el tiempo de observación. En esos casos, para que los datos digan algo con sentido, hay que obtener lo que se denomina *tasa de la conducta,* que no es más que el cociente de la frecuencia de la conducta dividido entre el tiempo (en minutos, horas, etc.). El cuadro anterior tendrá más sentido si dividimos la frecuencia de los lloros entre el número de minutos de observación. En ese caso, el cuadro quedaría así:

	LUNES	MARTES	MIÉRC.	JUEVES	VIERNES	SÁBADO	DOMINGO
Tiempo	60'	60'	90'	45'	90'	60'	60'
Lloros	18/60 = = 0,30	13/60 = = 0,21	20/90 = = 0,22	8/45 = = 0,17	10/90 = = 0,11	12/60 = = 0,2	10/60 = = 0,17

Según este cuadro, podríamos afirmar, ahora sí, que el día que más lloró Juan fue el lunes y el que menos, el viernes.

4.5. Una imagen vale más que mil palabras: la conducta en gráficos

A medida que se van acumulando los registros, es conveniente ir trasladando los datos a gráficos. Ya se sabe, una imagen vale más que mil palabras, y un gráfico es una forma sencilla de conocer, de un vistazo, cómo va evolucionando la conducta del niño. Para hacer un gráfico, los datos deben representarse en un eje de coordenadas. Para ello, coja una hoja de papel y trace dos líneas perpendiculares entre sí, la primera de ellas paralela (y cercana) al borde izquierdo de la página (será el eje de ordenadas) y la segunda, paralela (y cercana) al borde inferior de la página (será el eje de abscisas). En este último eje vamos a dibujar una marca por cada momento de medida (generalmente, días) y las numeraremos empezando por el número 1, o bien pondremos el nombre o las iniciales de los días. En el eje de ordenadas (la línea vertical) haremos una marca que indique cantidades específicas de la característica de la conducta que hemos observado (frecuencia, duración, intensidad, proporción..., lo que sea; lo que estamos poniendo en este eje es el número de veces que se hace la conducta, o los minutos que dura o el porcentaje de respuestas adecuadas, etc.).

Por ejemplo, podríamos llevar a un gráfico los lloros de Carlos (utilizaremos la tasa de llanto, que es el dato adecuado). Quedaría un gráfico como éste:

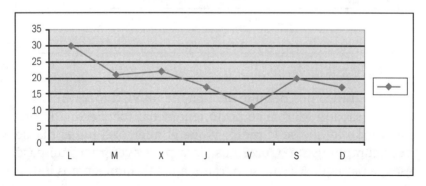

Para hallarlo, hemos levantado, cada día, una paralela al eje de ordenadas, y trazado una paralela al eje de abscisas en el número que indica la tasa de lloros que tuvo Carlos ese día en concreto (por ejemplo, en el lunes, la línea se ha trazado al lado del 30, porque el niño tuvo una tasa de llanto de 30 lloros por minuto; en el martes, al lado del 21, etc.). Luego, hemos remarcado bien el punto de intersección entre la línea del día y la de los lloros. Por último, hemos unido con una línea esos puntos marcados.

Con un gráfico, además, podemos ver cómo evolucionan varias conductas a la vez (lo que, sólo con los registros, sería engorroso). Un ejemplo de esto último es el gráfico que el padre de Marina hace del cumplimiento de las tareas que se le encomendaron a la niña (recoger los juguetes, recoger su ropa y jugar con su hermana pequeña). Lo hemos hecho de la manera siguiente: valorando con 10 el cumplimiento perfecto (el padre da una instrucción y Marina la cumple sin que haya que repetírsela); con un 5 el cumplimiento parcial (Marina cumple la orden cuando se lo han dicho un par de veces), y con un 0 el incumplimiento.

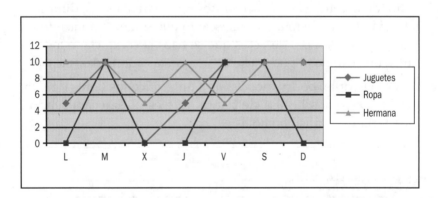

Este gráfico nos permite deducir, de un vistazo, que el martes y el sábado Marina se portó fenomenal (obedeció a la primera todo lo que se le pidió) y que el miércoles fue el día de peor cumplimiento. Quizá nos sirva para averiguar qué pasó ese día para que Marina se portara tan mal. También nos indica que entretener a la hermana es lo que más fácilmente cumple Marina, y que, en cambio, recoger la ropa le cuesta más.

4.6. Resumen

La observación y el registro de las conductas que queremos cambiar en nuestros hijos es un paso fundamental y previo a la intervención. Nos permitirán conocer si las estrategias de cambio están funcionando de manera adecuada (o si hay que utilizar otras), cómo va evolucionando la conducta, o conductas, que pretendemos modificar y por qué, y en qué situaciones es más fácil que se den o no determinadas conductas.

De los comportamientos de las personas, podemos observar distintas características: frecuencia, intensidad, duración, aparición o no, proporción y la relación con sus antecedentes y consecuentes. Dependiendo del objetivo y de la conducta que queramos cambiar, deberemos trabajar una, o varias de estas características.

Asimismo, y antes de comenzar la observación y el registro, deberemos tomar una serie de decisiones: cómo se va a observar, quién, cuándo y dónde.

Por último, en el capítulo se trata la conveniencia de trasladar los datos obtenidos en el registro a un gráfico que nos haga más fáciles y comprensibles los resultados obtenidos en la observación.

CAPÍTULO 5

¿La desobediencia se «cura»?: estrategias para lograr el cambio

Lo primero que tenemos que recordar cuando queremos intervenir para cambiar las conductas de nuestros hijos es que vamos a necesitar una buena dosis de constancia, de paciencia y de buen humor.

Desgraciadamente, no contamos con una varita mágica que nos permita, de la noche a la mañana, conseguir que Marina recoja su cuarto, Alfredo haga solo los deberes, Miguel deje de llorar por las noches o Conchita no replique cuando se le pide cualquier cosa. Son conductas que han sido útiles para los niños durante algún tiempo, que ya están instauradas y que, por tanto, no son fáciles de eliminar. Pero el hecho de que no sea un proceso fácil no significa que sea imposible. Es posible (incluso muy probable) conseguir el cambio que deseamos si aplicamos con cuidado y de forma adecuada las estrategias de las que se habla a continuación. Así pues, ármese de valor, de paciencia y de calma (lo necesitará) y comience el proceso.

5.1. Reforzando las conductas adecuadas

Como se comentó en el capítulo 3, reforzar una conducta (hacer que las consecuencias de ésta sean positivas para la persona) provoca que esta conducta se incremente en frecuencia,

duración o intensidad. Existen dos formas básicas de reforzar una conducta:

1. Cuando la conducta va seguida de un premio o una recompensa, ya sea material (un juguete, un dulce...), de actividad (un juego, un rato de televisión, una charla telefónica...) o social (una palabra de elogio, una sonrisa, la atención de los adultos...). En este caso, la consecuencia positiva que sigue a la conducta recibe el nombre de *reforzador positivo,* y hará que el comportamiento sea más probable en el futuro. Si cuando Marina ordena su cuarto o hace los deberes sus padres le premian por ello (aunque sea sólo con un comentario cariñoso), es esperable que Marina repita dichas conductas con frecuencia y aprenda a realizarlas de forma sistemática.

2. Otro modo de reforzar una conducta es que dicho comportamiento ponga fin a una situación desagradable *(reforzamiento negativo).* Si Miguel se tira al suelo, patalea, grita y llora cuando su madre le apaga la tele y le manda a la cama, es posible que ella vuelva a encenderla con tal de que el niño se tranquilice. En este caso, la conducta de ambos está reforzada negativamente: Miguel consigue, con su pataleta, que la madre vuelva a encenderle la tele y no acostarse; y la madre consigue, encendiendo la tele, que el niño se calle.

   Los reforzadores negativos, aunque frecuentes en la vida diaria (por ejemplo, es seguro que, alguna vez, le ha levantado el castigo a su hijo cuando éste llevaba un tiempo calladito; éste es un buen ejemplo de reforzamiento negativo), no suelen utilizarse en los programas con niños, ya que implican que, previamente, se ha de establecer una situación aversiva o desagradable para el niño.

Reforzar es la base del aprendizaje, y tendremos que hacerlo siempre. Incluso cuando queremos reducir o eliminar una conducta, tendremos que reforzar otra alternativa, por varias razones: reforzar enseña conductas adecuadas (el castigo sólo enseña qué es lo que no se debe hacer, pero no lo que sí se puede hacer); el aprendizaje se hace más rápido (pues el niño aprende las consecuencias diferenciales de unas y otras conductas), es mucho más agradable de realizar (siempre nos gusta más tener la ocasión de premiar a nuestro hijo que tener que castigarle), y se promueve una mejor relación entre padres e hijos, y, por tanto, una mejor interacción familiar.

En el apartado 3.1.1, p. 44 (Manejar bien los premios: refuerzos positivos y negativos), se proporciona una completa explicación de cómo, cuándo y qué reforzadores manejar para la instauración o el incremento de las conductas adecuadas del niño. Pero, si le parece bien, podemos hacer una prueba:

a)   Escoja una conducta de su hijo que a usted le agradaría que fuera más frecuente.

b)   Pídale una lista de reforzadores (de todos los tipos: comestibles, tangibles, de actividad...).

c)   Cada vez que el niño emita la conducta, déle uno de esos reforzadores, junto con otro de tipo social (una sonrisa, un abrazo, un comentario cariñoso, etc.).

d)   Mantenga el programa durante dos semanas y lleve un registro de la conducta. Verá cómo ésta se incrementa con el tiempo.

e)   Retire poco a poco los reforzadores (en vez de en cada ocasión que se emite la conducta, déle el refuerzo cada dos o tres veces, pero siga alabándole o prestándole atención por su esfuerzo).

5.1.1. LOS PROGRAMAS DE PUNTOS

Los programas de puntos (llamados en su origen economía de fichas) son los grandes protagonistas en el trabajo con niños dada la altísima frecuencia de su utilización. Consisten, básicamente, en un programa de reforzamiento con estímulos refor- zadores intercambiables (la descripción de estos reforzadores está recogida en el capítulo 3).

Estos reforzadores pueden ser de muchos tipos: fichas de parchís o de póquer (de ahí el nombre original del procedimien- to), puntos de colores, pegatinas, etc. Siempre deben cumplir unas características: han de estar adaptados a la edad del niño (para niños pequeños se recomiendan pegatinas o puntos; los mayorcitos pueden almacenar fichas de parchís); han de ser fá- cilmente manejables y almacenables, y, si es posible, deben tener distintos colores para distintos valores (por ejemplo, las azules valen un punto, las rojas, cinco, etc.).

Cada vez que el niño emite la conducta adecuada, se le da un punto. Al final de la mañana, o del día, se cambian los puntos por reforzadores naturales (chucherías, un juguetito, unos cromos, quince minutos más de tele, su postre preferido, etcétera) que tienen distinto valor (por ejemplo, un chicle o un sobre de cromos valen un punto; unas natillas de chocola- te o quince minutos más de tele, tres puntos; un cochecito, cuatro puntos; que mamá le lea un cuento o juegue con el niño a las cartas después de cenar, cinco puntos, etc.). También el niño tiene la posibilidad de guardar parte de los puntos, para canjearlos, al cabo de unos días, por un premio mejor (una tarde en el parque de atracciones o en el cine, por ejemplo, quince puntos).

Es muy importante que tanto los padres como el niño «vean» los puntos y privilegios que se ganan a lo largo del procedi- miento, por lo que es recomendable llevar un gráfico (en el ca- pítulo anterior se explicó cómo elaborarlo). Para los niños más pequeños (hasta los 8 años, por ejemplo) se pueden poner car- tulinas en un corcho o en la pared, dividirlas en siete días y en períodos de dos horas y pegar una pegatina cada vez que el niño ha obedecido las ordenes de los adultos en ese período (o poner una cruz si no lo ha hecho). También se puede dibujar una cara alegre o triste, según el caso). El siguiente puede ser un ejemplo de un gráfico de este estilo:

	LUNES	MARTES	MIÉRC.	JUEVES	VIERNES	SÁBADO	DOMINGO
8-10	☺	☺	X	☺	☺	X	☺
10-12	☺	☺	☺	☺	☺	☺	☺
12-14	☺	☺	☺	☺	X	☺	☺
14-16	X	X	☺	☺	☺	☺	☺
16-18	X	☺	X	☺	☺	☺	☺
18-20	☺	X	X	☺	X	☺	☺
Total	4	4	3	6	4	5	6

5.2. Extinguiendo las conductas inadecuadas

A menudo, los niños muestran comportamientos que a los adultos nos parecen molestos (y pueden llegar a sacarnos de quicio), pero que, realmente, no son perturbadores ni graves. Que su hijo masque chicle con la boca abierta puede resultarle muy desagradable, pero no es equiparable a una rabieta, a romper las cosas de los demás, a negarse sistemáticamente a obedecer órdenes o a mostrar conductas antisociales o agresivas.

Eso quiere decir que no tenemos, en realidad, por qué cambiar todas las conductas de nuestros hijos, y que deberemos priorizar aquellas que realmente sean importantes. También quiere decir que, aunque deseemos cambiarlas, no todas las conductas desagradables de nuestros hijos requieren de una intervención inmediata.

Forehand y McMahon (1981) elaboraron una escala que permite identificar las conductas problemáticas o aversivas de los niños (la Parent Behavior Checklist). Los padres deben identificar aquellos comportamientos de sus hijos que les resultan más desagradables y ordenarlos por su importancia, puntuando con un 1 aquella conducta que consideren más problemática y continuando así hasta el final. La Parent Behavior Checklist se recoge en la tabla 5.1

TABLA 5.1
Parent Behavior Checklist

1. Lloriqueos, lamentos.
2. Negación física (ataques a otras personas).
3. Humillaciones (hace burlas de otros, los avergüenza o humilla).
4. Destructividad (destrozos, daños o intentos de daño a cualquier objeto).
5. Bromas continuas, ironías, pitorreo.
6. Charla continua.
7. Desobediencia (no hace lo que se le ha dicho que haga).
8. Ignorancia (no contesta, «pasa» de contestar).
9. Gritos.
10. Demanda continua de atención.
11. Rabietas.

Marque con un signo aquellas conductas que representen un problema con su hijo. Luego, ordene aquellas conductas seleccionadas, según su orden de importancia, dándole un 1 a la más importante, y continuando así hasta la menos problemática.

Es muy posible que algunas de estas conductas (como la demanda continua de atención o los excesivos lamentos y lloriqueos) se produzcan de forma constante, por que, así, el niño recibe la atención de los padres y de otros parientes. Es decir, que nosotros, haciendo caso de las peticiones del niño o de sus lloriqueos, estamos reforzando sus conductas (la atención de los demás es uno de los reforzadores más potentes para los seres humanos, y seguro que usted puede pensar en alguna persona que hace lo que sea por llamar la atención).

Si hacemos caso de las demandas o lamentos del niño, reforzamos estos comportamientos, de modo que la forma más sencilla de reducirlos o eliminarlos es dejar de prestarles nuestra atención (es decir, aplicar un proceso de extinción). Por tanto, cuando el cambio sea necesario, pero no tenga que ser inmediato, la extinción puede ser una buena opción.

Pero, ¡ah, amigo!, es mucho más fácil decirlo que hacerlo. La extinción es un proceso que requiere de mucha calma y paciencia para quien lo lleva a cabo, así, que asegúrese de que está en condiciones de empezar la intervención (por ejemplo, si desea extinguir la conducta de su hijo de dejar toda la ropa tirada por el cuarto, no parece adecuado comenzar el día en que venga su suegra o alguna visita y tenga usted que enseñar la casa, o si pretende extinguir la conducta de decir palabrotas que tan frecuentemente exhibe Silvia, es mejor que su madre no empiece justo el día en que hay una reunión familiar).

Extinguir significa hacer como que no se ha oído ni visto nada. Por tanto, cuando el niño comience con sus lamentos o lloriqueos (o con sus palabrotas), nuestra conducta debe ser la de seguir imperturbables: no mirarle, no pedirle que se calle, no hacerle mimos... Si es necesario, y vemos que podemos perder los nervios (a veces los niños pueden ser sumamente pertinaces), podemos salir de la habitación, pero nunca, nunca, hacer caso de estos comportamientos.

Es esperable que, como las conductas de lloriqueos o lamentos habían sido previamente reforzadas, al principio sean más intensas, o, incluso, que el niño se enfade si usted no le hace caso (es una reacción normal, piense en lo que hacemos cuando un bolígrafo, de repente, deja de funcionar: insistimos en garabatear, lo apretamos cada vez con más fuerza y lo movemos con mayor rapidez, hasta que, finalmente, desistimos). Persevere en su ignorancia de la conducta y el tiempo se lo premiará: verá cómo, poco a poco, las conductas de lloriqueo se irán reduciendo.

Para que la extinción funcione hay que ser, además de perseverante, estricto en su aplicación. Las siguientes reglas (Larroy y Puente, 1995) pueden ayudarle a conseguir el éxito deseado:

a) Evitar mantener contacto ocular con el niño o hacerle algún tipo de seña no verbal (gesto, mueca, etc.). Como se ha comentado, puede ser útil volverse de espaldas o incluso salir de la habitación donde está el niño.

b) No mantener ningún contacto verbal con él. Si ha decidido ignorar, no debe decirle nada. Reprochar, sermonear, explicar, etc., son formas de prestar atención, y, por tanto, de reforzar conductas que no deseamos.

c) No mantener ningún contacto físico; si el niño se acerca, lo mejor es apartarse sin decir nada.

d) Es importante comenzar a ignorar al niño tan pronto como la conducta comienza y dejar de hacerlo cuando la conducta inadecuada termine. Cuando Sonia comienza una llantina porque quiere bajar al jardín y la madre ha decidido ignorarla, deberá retirar la atención desde los primeros momentos en que Sonia comienza a hacer pucheros, y mantenerse así hasta que la llantina desaparezca del todo. Una vez terminada, puede comenzar a hacerle caso de nuevo, pero sin referirse para nada a lo sucedido anteriormente.

e) Es esperable que en los primeros momentos de su puesta en marcha se produzca una aumento de la frecuencia de la conducta y un agravamiento de la misma.

f) Es necesario ser paciente, éste es un procedimiento lento que produce una reducción paulatina de la conducta, y que, por tanto, requiere paciencia y esfuerzo por parte de la persona que lo lleva a cabo. Por eso es importante escoger unas condiciones adecuadas para comenzar a implantarlo.

g) Es necesario mantener la retirada de atención de forma constante hasta que desaparezca la conducta. Si no se hace así, y de vez en cuando volvemos a prestar atención a dicha conducta, en vez de eliminarla la estaremos reforzando de forma intermitente, lo que hará que ésta se mantenga durante más tiempo.

h) Este procedimiento no debe ser empleado en aquellas conductas que puedan suponer un daño para el propio niño o para otros, como, por ejemplo, golpearse la cabeza contra la pared o morder a sus compañeros. Tampoco en aquellas conductas que queremos que desaparezcan de forma inmediata, dado que es un procedimiento lento.

Así pues, la extinción puede ser una buena estrategia, que resulta eficaz cuando la aplicamos a conductas que no requieren un cambio inmediato (porque no son peligrosas, agresivas o excesivamente molestas) y cuando estamos seguros de que somos nosotros quienes damos el reforzamiento y, por tanto, podemos dejar de darlo (la madre de Pablo deja de recoger su ropa tirada por el cuarto, la madre de Silvia no hace caso a sus palabrotas y la de Sonia no la baja al parque cuando la niña comienza una llantina). Para aquellos casos en que se requiera una intervención más radical y rápida, disponemos de otras técnicas.

5.3. Castigando

Ya se comentó en el capítulo 3 que el castigo es una estrategia adecuada para reducir conductas peligrosas, agresivas o muy desagradables de nuestros hijos. También se comentó que no es adecuado utilizar las técnicas basadas en el castigo con mucha frecuencia, porque, si bien son útiles, reducen el repertorio conductual del niño; es decir, le dicen lo que *no* tiene que hacer, pero no le enseñan qué es conveniente hacer. Por otro lado, pueden provocar efectos colaterales no deseables (por ejemplo, que el niño acabe mostrando resistencia o desagrado a un sitio o a una persona, que se sienta continuamente frustrado, etc.). De hecho, se sabe que el castigo provoca reacciones negativas hacia la persona que los aplica (padres, maestros...), por lo que interfiere el establecimiento de unas adecuadas relaciones afectivas entre el niño y sus educadores. Además, si siempre estamos castigándole, el niño puede sacar la conclusión de que no es hábil, que es un desastre, que no sirve para nada...

Por eso, cuando se hace necesario aplicar una técnica basada en el castigo, hay que recordar que debe escogerse una conducta adecuada del niño, a ser posible incompatible o alternativa a la que queremos reducir o eliminar (algo que sea social o familiarmente deseable) y reforzarla. De ese modo, le enseñaremos tanto qué no hacer como qué se puede o debe hacer. En este sentido, puede ser útil explicar al niño que, a partir de ese momento, las condiciones del juego han cambiado y que ya no va a obtener lo que quiera por sus conductas inadecuadas (sino que le van a generar consecuencias desagradables para él), pero que, en cambio, puede lograrlo por medio de otros comportamientos.

Una última consideración: cuando hablamos de castigo, nos referimos siempre al castigo negativo (retirar algo agradable para el niño), no al castigo positivo (darle un azote o gritarle, palabras ofensivas o amenazas y burlas). En este sentido, conviene repasar lo indicado en el capítulo 3.

Las técnicas de castigo negativo más frecuentemente utilizadas son el coste de respuesta y el tiempo fuera de reforzamiento o aislamiento.

5.3.1. COSTE DE RESPUESTA

Ya se explicó que el coste de respuesta consiste en retirar una cantidad específica de reforzador cuando se produce la conducta que pretendemos eliminar. En otras palabras, un coste de respuesta es una multa. Pero, para que la multa funcione, hemos de aplicarla bajo unas condiciones determinadas:

a) Es indispensable que el niño tenga algo que retirar. Es decir, que disponga de una reserva previa de reforzadores (juguetes, dinero, fichas, determinados privilegios...). Por eso, resulta especialmente útil cuando se utilizan fichas o puntos como reforzadores. En estos casos, conviene, antes de instaurar el coste de respuesta, hacer posible que el niño acumule una cierta cantidad de fichas que posteriormente le serán retiradas cada vez que se emita la conducta inadecuada que queremos eliminar.

b) Se debe especificar de forma clara y previa cuál va a ser la magnitud del coste de respuesta. Por ejemplo, cada vez que Juan pega a su hermana, su padre, su madre o la cuidadora le quitan un cochecito de la colección.

c) Es importante calcular la cantidad de reforzadores a los que el niño tiene acceso y, en función de eso y de la frecuencia de la conducta indeseable, regular el coste. En ningún caso conviene que el sujeto tenga un saldo negativo para él, ya que en esta situación el procedimiento deja de ser efectivo. De la misma manera, debemos ajustarlo de forma que la pérdida implicada en el coste de respuesta no sea fácilmente reparable por el sujeto. Por ejemplo, si Juan tiene 20 cochecitos y cada semana le regalan uno, perder tres o cuatro a la semana le supone un coste bastante importante, que no es fácilmente reparable, pero que no le va a dejar en bancarrota (sin coches) antes de que el procedimiento sea efectivo.

d) Debe aplicarse siempre que se produzca la conducta indeseable, y tan cercano a la emisión de ésta como sea posible, si no el procedimiento resulta menos efectivo.

Es necesario insistir en que, para que el procedimiento sea real y rápidamente efectivo, debe combinarse con reforzamiento de una conducta alternativa, y que explicar las nuevas reglas del juego, antes de comenzar, suele ser muy útil.

5.3.2. TIEMPO FUERA O AISLAMIENTO

La técnica de Tiempo fuera consiste en sacar al niño de las condiciones ambientales en las que se está reforzando el comportamiento y trasladarlo a un lugar donde no exista la posibilidad de obtener reforzamiento (1), o bien en eliminar un reforzador de la situación en la que está el niño (2). Veámoslo más claramente con dos ejemplos: (1) David interrumpe constantemente la clase diciendo chistes o impertinencias que provocan las risas de los compañeros (reforzador), quizá una alternativa del profesor de David sea sacarlo de la clase y llevarlo a un lugar donde pueda permanecer aislado durante unos minutos (el despacho de las secretarias, un pasillo o, mejor aún, una esquina de la clase, vuelto hacia la pared, donde no pueda ver al resto de la clase y sí, en cambio, ser controlado por el profesor);

(2) Roberto tiene la fea costumbre de morderse las uñas de los pies. Sus padres saben que a Roberto le chiflan los dibujos animados, así que decidieron que, cada vez que pillaran a Roberto mordiéndose las uñas delante de la tele, la apagarían durante un minuto, ignorando las protestas y llantos del niño por quedarse sin sus dibujos.

El Tiempo fuera se ha demostrado como una técnica eficaz, pero requiere de unas normas de aplicación estrictas. Estas normas son las siguientes:

a) El lugar de aislamiento (o rincón de pensar, como le llaman algunos autores) al que se traslade al niño no debe ser amenazante ni peligroso, pero sí aburrido y cercano. Si le llevamos, por ejemplo, a su habitación y allí puede ponerse a jugar con sus juguetes o le sacamos de la clase al pasillo y allí puede estar jugando y charlando con otros niños, el Tiempo fuera puede ser ineficaz.

b) El traslado debe hacerse inmediatamente después de que ocurra la conducta inadecuada, con calma y firmeza, y sin gritos ni agresiones (ni más explicaciones).

c) Conviene indicar de forma clara las condiciones del aislamiento antes de llevar a cabo el procedimiento. Por ejemplo, si ha decidido sentar a su hijo mirando a la pared en un rincón de la cocina, cada vez que el niño grita y le interrumpe cuando usted habla con alguien, dígale: «A partir de ahora, cuando grites mientras yo estoy hablando con otra persona, permanecerás aquí sentado hasta que yo te lo diga» (indíquele también el lugar de Tiempo fuera).

d) No discuta ni razone con el niño mientras lo coge para llevarlo a la zona de Tiempo fuera de reforzamiento o mientras permanece allí. Ignore completamente sus posibles protestas o promesas de comportarse bien.

e) Si su hijo sale del Tiempo fuera de reforzamiento sin su permiso, inmediatamente, y de modo firme, llévele de nuevo a su sitio, anunciándole la aparición de consecuencias más aversivas si vuelve a hacerlo. Por ejemplo: «Si vuelves a salir del cuarto, quedarás sin helado».

f) La duración del Tiempo fuera debe ser relativamente breve. Algunos autores (Hall y Hall, 1980) hablan de un minuto por año del niño hasta un máximo de 20, y ésta es la medida que se suele utilizar.

Me gustaría insistir una vez más en dos condiciones que considero básicas para que las técnicas de castigo negativo (coste de respuesta y Tiempo fuera o aislamiento) funcionen adecuadamente; son las siguientes: hay que informar previamente al niño del cambio en las consecuencias de la conducta (explicarle claramente qué va a ocurrir cada vez que manifieste la conducta inadecuada), y hay que escoger un comportamiento alternativo al que queremos eliminar (por ejemplo, que Juan juegue con su hermano, en vez de pegarle) y reforzarlo fuertemente.

5.4. Aprendiendo a dar órdenes

Dar órdenes, peticiones o instrucciones de manera adecuada es menos fácil de lo que parece. Numerosos estudios (Sloane y cols., 1990; Meharg y Lipscker, 1991; Doll y Kratochwill, 1992; Larroy y Puente, 1998; Herbert, 2002, y Giménez, 2006) indican que, en ocasiones, los padres dan órdenes confusas, excesivamente largas, que no quedan claras para los niños, que son contradictorias entre sí, que se suceden muy rápidamente o que se dan desde lugares distintos de los que se encuentra el niño. Este tipo de instrucciones favorece la ignorancia de las mismas por parte del niño (el niño «pasa» de las órdenes y hace como si no hubiera oído). Otras veces, los padres dan las órdenes de forma imperativa, con un tono agresivo y cortante. Las órdenes expresadas en forma imperativa y, sobre todo, las que van acompañadas de contacto físico instigador o amenazante (coger al niño por los brazos o los hombros y sacudirle, por ejemplo) provocan en el niño reacciones de oposicionismo activo (como las rabietas).

Por último, las órdenes claras, cortas, específicas y razonadas facilitan su cumplimiento por parte de los niños. En consecuencia, es este tipo de peticiones las que deben darse siempre que sea posible. Por tanto, para que las órdenes sean más fáciles de cumplir deben contemplar las características siguientes:

— Ser claras y específicas.

— Ser comprensibles para los niños (estar expresadas en un lenguaje adecuado y con términos conocidos por ellos).

— Ser cortas.

— Ser coherentes, que no se deban a la improvisación, sino al acuerdo previo de los padres.

— Ser firmes.

— Describir las consecuencias de su cumplimiento y de su incumplimiento.

— Ser para todos y para siempre. No es posible que las normas dependan del humor de los padres, y es bueno que éstos también las cumplan si las han establecido: si no se puede gritar, nadie (ni los padres) debería gritar.

— No entrar en contradicción con otras.

— Darse en un número reducido (en algunos estudios se han encontrado que los padres daban al hijo una media de ¡117 instrucciones por hora!).

— Darse de una en una y suficientemente espaciadas en el tiempo como para permitir el cumplimiento de cada una de ellas (no se debe dar una cadena de instrucciones o peticiones).

— No deben ir acompañadas de contacto físico instigador (la instigación física ha demostrado ser un gran facilitador del incumplimiento por parte de los niños).

— Si es posible, darlas en el mismo lugar en que se encuentra el niño (por ejemplo, si el niño está en su cuarto, no gritarle la orden desde la cocina; bien se le pide que vaya a la cocina y se le explica entonces qué es lo que tiene que hacer, o bien, mejor, se va al cuarto y se le da directamente la orden).

A la hora de expresar las peticiones u órdenes también hay que tener en cuenta la edad y el estado evolutivo del niño. Evidentemente, no es lo mismo un niño de 3 años que uno de 8, y, por lo mismo, no podemos expresar las órdenes de la misma manera a uno u otro. Esto, que parece tan obvio, a veces se nos olvida a los adultos.

Los niños son capaces de obedecer órdenes sencillas a partir de los 18 meses; sin embargo, la evolución, en este punto, no es constante, sino que se sucede con cambios bruscos (Schneider-Rosen y Wenz-Gross, 1990). Así, a los 24 meses, los niños experimentan un importante incremento en su capacidad para cumplir órdenes, que ya pueden ser más complejas, y se mantiene estable hasta los 30-36 meses. Es precisamente en este período cuando comienzan a manifestarse las conductas oposicionistas, popularmente conocidas como «rabietas de los 2 años». En realidad, estas rabietas y conductas oposicionistas forman parte del desarrollo necesario del niño. En esta etapa, el niño aún no tiene la capacidad de distinguir lo que hace bien o mal, le cuesta mucho demorar el refuerzo (aceptar que tiene que esperar para conseguir algo), lo quiere todo para ya. Es por eso que en esta edad se hace imprescindible el establecimiento de normas claras y muy estructuradas. De cómo maneje el adulto estas situaciones, así va a facilitar la consolidación de las conductas oposicionistas del niño, o bien, por el contrario, va a hacerlas menos frecuentes. A los 3-4 años, el niño ya tiene nociones de lo que es o no adecuado, en función de las consecuencias que recibe por su conducta (refuerzo o castigo). En esta etapa es muy sensible a la alabanza y a los premios, comprende instrucciones claras y sencillas y es capaz de seguir ya algunas normas implícitas (como que hay que jugar, que no se debe morder a los demás, etc.). A partir de esa edad, la capacidad de los niños de comprender y cumplir las órdenes, de demorar la obtención del refuerzo, de controlar su conducta, etc., se va haciendo cada vez mayor, de modo que, con 10-12 años, son capaces de controlar sus emociones apoyándose en las normas.

5.5. Algunos ejemplos concretos

A continuación, se ofrecen algunos ejemplos de cómo actuar en función de las reacciones de los niños ante las órdenes, reacciones que pueden ser pasivas (el niño parece no oír la orden); de oposicionismo activo (el niño siempre dice que no a lo que se le manda) o agresivas (el niño contesta a la demanda del adulto con gritos, patadas, llantos...; en definitiva, con una rabieta)[1].

5.5.1. EL NIÑO QUE NO OYE

Jaime (6 años) nunca parece oír a la primera. Su madre se desespera porque, aunque al final obedece, siempre tiene que repetirle las órdenes tres o cuatro veces antes de que las cumpla. El proceso que suele seguirse es el siguiente: Juana, la madre, pide cualquier cosa (recoge tu ropa y llévala a la lavadora; recoge los juguetes y mételos en el baúl...); Jaime no contesta y sigue con lo que estaba haciendo; la madre repite la instrucción en voz más alta y espera unos segundos a ver si Jaime la cumple; al no hacerlo, se dirige de nuevo a él, en tono imperativo, exigiendo el cumplimiento de la orden y amenazando con algún castigo. Es posible que a estas alturas, Jaime musite un tibio «sí» o «ya voy», pero su madre ya está enfadada y sigue chillándole hasta que hace lo que se le ha pedido, incluso durante varios minutos después.

Si analizamos la situación en términos de conductas aprendidas, reforzamiento, etc., veremos que Jaime está realizando una

---

[1] Los ejemplos siguientes están parcialmente editados en el libro *El niño desobediente*, de Larroy y Puente (1995).

actividad placentera para él (jugar, ver la tele, etc.) cuando su madre le pide que realice una actividad no placentera y competitiva con la anterior (ambas no pueden llevarse a cabo a la vez). Jaime, evidentemente, prefiere seguir con aquella actividad que le proporciona un refuerzo más inmediato (ver la tele), en vez de realizar una que no le proporciona refuerzo de ningún tipo, por lo que ignora las repetidas peticiones de su madre. Juana, como está enfadada, utiliza un tono cada vez más imperativo y amenazador, que, como ya se ha comentado, favorece las conductas oposicionistas y de ignorancia por parte del niño. Es sólo la presencia inminente del castigo lo que hace que Jaime cumpla la tarea encomendada. Ahora bien, las conductas mantenidas por evitación/escape de un castigo son poco resistentes a la extinción (desaparecen muy pronto y no se consolidan), sobre todo si el castigo no se llega a cumplir en algunas ocasiones (por ejemplo, si Juana ha amenazado con un castigo y luego no lo ha llevado a cabo, aunque Jaime no haya hecho lo que se le pedía). Por otro lado, Jaime, mientras realiza la tarea, está perdiendo el reforzamiento que le proporcionaba la otra actividad. Además, Juana sigue chillándole incluso después de haber cumplido la orden; es decir, Jaime no recibe ningún tipo de reforzamiento por seguir las instrucciones, pero, en cambio, pierde el refuerzo de la conducta que estaba haciendo previamente (ver la tele o jugar). Desde una perspectiva conductual, es fácil predecir que, en situaciones futuras, las conductas de Jaime de atender las órdenes de su madre se darán con poca o nula frecuencia.

Asimismo, es fácil explicar la conducta de Juana en términos de reforzamiento: a la conducta de pedir las cosas de manera adecuada no sigue ningún reforzamiento (Jaime no hace nada); sin embargo, cuando Juana chilla y amenaza, Jaime cumple lo que se le pide. La conducta de chillar de Juana es, por tanto, reforzada, y tenderá a darse cada vez con mayor frecuencia y cada vez antes en el proceso que hemos visto. Seguramente, es sólo la buena educación de Juana lo que impide que chille a Jaime desde el principio.

¿Qué puede hacer Juana en esta situación? Se proponen dos posibles alternativas, basadas, respectivamente, en programas de reforzamiento y en la técnica de coste de respuesta. Estas alternativas también pueden utilizarse de forma complementaria. Ambas se han mostrado útiles para corregir este tipo de conductas (McMahon, 1993; Ducharme y Popynick, 1993; Herbert, 2002, y Larroy, 2003).

Para el programa de reforzamiento, Juana debería actuar como sigue:

— Utilizar instrucciones cortas, claras y específicas; hablar delante del niño (no pedírselo a gritos desde otra habitación); y establecer claramente las condiciones y consecuencias de la conducta (si recoges los juguetes, te daré una pegatina de los Lunis). Si después del tiempo establecido (15 o 20 segundos), Jaime no ha comenzado a obedecer, ignorarlo (pero no realizar su tarea por él). Dejar pasar un tiempo y dar de nuevo las instrucciones.

— Comenzar haciendo peticiones de acciones que llevan implícito un reforzamiento natural (por ejemplo, pedirle que escoja un libro y lo lleve al salón, y allí, leerle un cuento; pedir que ponga su servicio en la mesa y llenárselo de su comida preferida, etc.). En cuanto Jaime coopere, Juana debe alabarlo, besarlo y/o acariciarlo, justo antes de darle la recompensa natural (el cuento, la comida...).

— En estos primeros momentos, se debe tener cuidado de hacer las peticiones cuando no interfieran actividades placenteras del niño, que le dan mucho reforzamiento (si no, posiblemente, no atenderá a las demandas).

— Además de los refuerzos sociales (elogios, besos y abrazos) y de los naturales (cuento, comida, etc.), se pueden incluir otros reforzadores (puntos o fichas intercambiables, chucherías, etc.), sobre todo para fomentar el cumplimiento de peticiones menos apetecibles para el niño. Asimismo, Juana puede enseñar y ayudar a Jaime, al principio, a cumplir determinadas órdenes (como poner la mesa o doblar la ropa), alabándole por cada paso que haga.

— Incrementar poco a poco las peticiones, tanto en lo que se refiere a su número, complejidad, tedio, interferencia con conductas placenteras, etc. Siempre que sea posible, Juana emparejará el cumplimiento de las peticiones con esas conductas autorreforzantes (por ejemplo, procurará pedirle a Jaime que doble su ropa antes de que empiecen los dibujos animados y le dirá: «En cuanto acabes de doblar tu ropa pondremos la tele y podrás ver los dibujos»). Es importante prometer la recompensa antes de la petición, y en cuanto Jaime obedece, dársela. También es importante que Juana recompense a Jaime cada vez que éste coopera.

— Se favorece el aprendizaje si se establece una rutina (por ejemplo, Jaime siempre tiene que doblar su ropa antes de los dibujos, o recoger los juguetes justo antes del baño).

— A medida que Jaime aprende a obedecer a la primera, se puede ir dejando de reforzar *todas* las cooperaciones y empezar a reforzar de forma esporádica (una de cada dos o tres peticiones atendidas; luego, una de cada cinco o seis, y así hasta que no haga falta reforzar más que de cuando en cuando). Una advertencia: si Jaime empezara a desobedecer de nuevo, hay que volver a reforzar con mayor frecuencia.

— Juana debe tener paciencia: a veces, el procedimiento es lento; llevar un registro puede servirle para advertir cambios que, de otro modo, serían imperceptibles.

La segunda alternativa consiste en un programa de coste de respuesta, que se lleva a cabo según el procedimiento descrito en este mismo capítulo, que, preferiblemente, se combinará con refuerzo de conductas adecuadas de cooperación y/u obediencia. La particularidad aquí es que cada día se le da al niño una cantidad determinada de puntos o fichas que se equiparan a los reforzadores habituales de que dispone el niño (por ejemplo, ver los dibujos animados son 4 puntos; media hora de bicicleta, 5 puntos, etc.). De este total, se van retirando pequeñas canti-

108 MI HIJO NO ME OBEDECE

dades a medida que se suceden las órdenes no cumplidas, teniendo siempre en cuenta que el niño no puede tener «deudas» (es decir, la cantidad máxima que se retira en cada período debe coincidir con la que se da). Antes de comenzar un procedimiento como éste, Jaime y Juana deben establecer las condiciones: las peticiones que deben atenderse, su número, la cantidad de refuerzo perdido por no atenderlas, etc. Un acuerdo de este tipo favorece no sólo el incremento de la obediencia de Jaime, sino también la mejora de las relaciones entre madre e hijo (Little y Kelly, 1989). Veamos un ejemplo de cómo funcionaría el programa. Jaime obtiene todas las mañanas y todas las tardes 4 puntos, que, al final de cada período, puede intercambiar por los reforzadores acordados, o acumular para su cambio posterior por un reforzador mayor (una tarde en el cine). Juana y Jaime acuerdan que el niño debe atender las peticiones de su madre de ayudar a poner la mesa (mañana y tarde), hacer su cama (mañana) y recoger sus juguetes (tarde). Juana dará la orden pertinente (asegurándose de que Jaime la ha oído) y esperará tres minutos sin repetirla. Jaime podrá mantener sus puntos si en ese lapso de tiempo empieza a cumplirla; si no, su madre le retirará un punto y volverá a darle la orden. Si, de nuevo, ésta no se cumple en el plazo establecido, Jaime perderá otro punto. Juana no volverá a darle la orden, ni, de ninguna manera, hará la tarea de Jaime (eso implica que algún día comerán sin servilletas o sin pan, que es lo que Jaime pone en la mesa; si Juana no puede permitirlo, deberá escoger otra conducta para el programa, pero no realizar la que no ha hecho Jaime).

5.5.2. EL NIÑO QUE SIEMPRE DICE «NO»

Si el niño «sordo» o «pasota» se opone de forma pasiva a las peticiones de los adultos, el negativista (el que dice que «no» a todo) muestra un oposicionismo activo no agresivo. Muchas veces, el negativismo es una forma segura de llamar y mantener la atención de los otros sobre uno mismo (haga la prueba: en una reunión, exprese su desacuerdo con lo que las demás personas comenten; verá qué pronto se convierte usted en el centro de atención). En muchos casos, pues, el niño ha aprendido a que sólo, o fundamentalmente, se le presta atención cuando rehúsa obedecer, cooperar o estar de acuerdo. También ha podido aprender a negarse a cooperar y a obedecer las órdenes, porque así obtiene otros privilegios (no realizar tareas que le disgustan, por ejemplo). Algo así es lo que le pasa a Luis (6 años): desde muy pequeño ha aprendido que puede comer sólo lo que le gusta y hacer, casi en todo momento, las cosas que le apetecen. Se ha dado cuenta de que sólo es cuestión de ser más perseverante en su conducta (negativismo) que los mayores. De este modo, su madre ha aprendido a no servirle espinacas (siempre acababa por tirarlas a la basura, porque, por más que hacía, Luis no probaba bocado) y su padre ha dejado de pedirle que haga pequeños recados. Sin embargo, ambos progenitores coinciden en que la situación no puede prolongarse. ¿Qué pueden hacer?

En primer lugar, deberán debilitar las respuestas negativas (los «noes» y expresiones de desacuerdo) de Luis. Quizá adviertan que cuando Luis se niega a algo, le prestan mucha atención. En ese caso, deberán establecer un programa de extinción (dejar de prestar atención a esas conductas), tal y como se expone en el capítulo 3. Pero, además, deben debilitar también las conductas no cooperativas. La mejor manera es reforzando las respuestas competitivas (alternativas) de cooperación. Para ello, se puede utilizar el programa de reforzamiento explicado con anterioridad. Como Luis (al contrario que Jaime) nunca ha cooperado, sus padres tendrán que empezar por conductas muy sencillas: por ejemplo, con los platos apilados sobre la mesa, la madre puede pedirle que coloque su plato en su sitio. Quizá Luis sólo le eche un vistazo al plato, sin tocarlo; la madre refuerza ese pequeñísimo acercamiento («Bueno, al menos lo has mirado», y le da dos o tres almendras). En ocasiones siguientes, la madre (o el padre) va reforzando de forma similar las conductas de acercamiento de Luis (dirigirse a la mesa, tocar el plato, cogerlo, situarlo en el lugar adecuado...). Dado que se van a dispensar muchas veces los reforzadores, conviene cambiarlos a menudo, para evitar que el niño se aburra o se harte de ellos. También es conveniente que el niño pueda acceder a reforzadores «especiales», que se dispensen a más largo plazo (una tarde en el zoo, o en el cine, etc.). Para obtener este tipo de privilegios, puede acumular puntos que se le dan por cada una de las conductas cooperativas que muestre; así, por ejemplo, una tarde en el zoo puede valer 30 puntos y el niño puede obtener un punto por cada conducta adecuada. Poco a poco (el proceso es lento, y, seguramente, al principio, la conducta negativista de Luis se agravará, como ya se explicó en el capítulo 3), las conductas cooperativas de Luis serán más frecuentes y los padres pueden ir retirando el programa (aunque siguen sin prestar atención a las conductas negativistas de Luis). Si el programa de extinción no funcionara y Luis siguiera quejándose y diciendo «no» a todo, los padres podrían decidirse a utilizar un procedimiento de coste de respuesta aplicado a esa conducta, que se llevaría a cabo de la forma que se explicó en el epígrafe anterior.

5.5.3. EL NIÑO DE LAS RABIETAS

Las rabietas son expresiones agresivas de desacuerdo que algunos niños utilizan frecuentemente. Como ya se ha explicado en este mismo capítulo, las rabietas son un fenómeno normal en un determinado estadio evolutivo del niño (alrededor de los 2-3 años) y van reduciéndose a medida que crece, de modo que a los 5 o 6 años prácticamente han desaparecido del repertorio conductual del niño, a menos que el pequeño haya aprendido que tener rabietas es una manera rápida y eficaz para lograr sus propósitos. Algo así le ha pasado a Paula (4 años). Paula se ha criado prácticamente con su abuela, que ya está algo mayor y se cansa rápidamente. Desde muy pequeña, Paula aprendió que sus lloros servían para que su abuela acudiera solícita a satisfacer cualquiera de sus deseos. A medida que crecía, advirtió que, si las expresaba verbalmente, no todas sus peticiones eran atendidas. Aprendió también que cuando se tiraba al suelo a llorar, su abuela (y a estas alturas, también sus padres) acababa accediendo, pero si chillaba, pataleaba o golpeaba las paredes y las puertas, su abuela se «rendía» antes. Paula había aprendido que una buena rabieta era muy útil para conseguir lo que quería, de modo que esta conducta empezó a hacerse muy frecuente. Los padres y la abuela, por su parte, también han aprendido que en cuanto se le da lo que quiere, Paula se calla. Para ellos, esto es un alivio (refuerzo negativo), por lo que cada vez acaban «cediendo» antes. Comprenden que, a largo plazo, esto sólo sirve para perpetuar la situación, pero, en esos momentos, consiguen un poco de paz y tranquilidad, o que todo el mundo en el supermercado deje de mirarles a ellos y a la niña.

Aunque el objetivo a largo plazo puede ser que Paula obedezca, lo primero que sus padres quieren es que deje de tener rabietas. Para ello, deben empezar por debilitar la fuerte asociación que se ha establecido entre las conductas de la rabieta (llorar, gritar, patalear, etc.) y las consecuencias positivas de éstas (obtener lo que se quiere). Además, deberán enseñarle a Paula que las consecuencias de las rabietas van a ser ahora negativas para ella. Generalmente, establecer estas nuevas condiciones no sirve de mucho si los padres no las cumplen exacta y continuamente, por lo que se hace énfasis en la necesidad de su cumplimiento estricto. El procedimiento de aislamiento o Tiempo Fuera (TF, a partir de ahora) se ha mostrado muy efectivo en la reducción de este tipo de conductas.

Los padres y la abuela deben utilizar este procedimiento *cada vez* que aparece una rabieta. Consiste en aislar a la niña en un lugar seguro, en el que no pueda entretenerse (por ejemplo, en una esquina del recibidor o del pasillo, de cara a la pared, en un cuarto de baño en el que no pueda manipular grifos, en una habitación poco atractiva...) y dejarla allí sola durante un período de entre 3 y 5 minutos (se recomienda como un minuto por año de edad del niño). Si la rabieta continúa, la dejarán allí unos minutos más. En ningún caso la sacarán antes de pasados 15 segundos en silencio. Ante las primeras señales de que la rabieta va a producirse, pueden advertirle: «Si tienes una rabieta, te llevaré al aislamiento», pero no le harán ningún comentario mientras la llevan o traen de la zona de TF. Si Paula estuviera muy alterada, su zona de aislamiento puede ser la cama. Si la rabieta aparece en la calle, inmediatamente buscarán un rincón que pueda servir de zona de TF. Si no la hay, deberán aguantar estoicamente a que pase la rabieta (aunque sea bochornoso para ellos), sin prestar a Paula la más mínima atención. Por supuesto, bajo ninguna circunstancia le darán a Paula nada de lo que pida con una rabieta. Sin embargo, sí es conveniente que atiendan a las peticiones que hace de forma adecuada (así le estarán reforzando esta conducta, que es incompatible con la rabieta). También lo es que, si durante un período continuado no se ha producido ésta, refuercen a Paula por ello, tanto social (con alabanzas, mimos o caricias) como materialmente («como estas pidiendo las cosas bien, y no con rabietas, voy a comprarte una bolsa de pipas o una pegatina, lo que prefieras).

Los programas descritos anteriormente se muestran eficaces en la mayoría de los casos y cuentan, además, con la gran ventaja de que las ganancias obtenidas durante el tratamiento se mantienen a largo plazo en un alto porcentaje de los casos (Long y cols., 1994).

5.6. Resumen

A lo largo del capítulo se han expuesto una serie de acercamientos de intervención a los tipos más frecuentes de conductas oposicionistas que los niños muestran. Se han explicado los casos para poner en marcha un programa de reforzamiento, así como las estrategias de programas de puntos, extinción, Tiempo fuera y coste de respuesta, relacionándolas con las distintas formas de desobediencia que los niños pueden mostrar (oposicionismo pasivo, oposicionismo activo y agresividad). Evidentemente, el objetivo no es hacer un «recetario», sino orientar a padres, tutores, maestros, etc., en el manejo de algunas situaciones para reducir o incrementar determinadas conductas, tanto suyas como de los niños que están entorpeciendo las relaciones entre ambos.

Antes de empezar a aplicar cualquiera de las técnicas, se ha de establecer la línea base de la conducta (el punto de partida) mediante la observación y el registro de las conductas que se desean cambiar. Una vez que se establece el procedimiento escogido, se ha de ser perseverante en su práctica. Sólo así conseguiremos que éste sea eficaz.

CAPÍTULO 6
Pues sigue desobedeciendo

Algunos padres ponen en marcha los procedimientos descritos en los capítulos anteriores y no aprecian cambios sustanciales. Es posible que esto le haya ocurrido a usted. No tire la toalla ni se desespere. No crea que es incapaz de seguir el programa o que éste no funciona, concédase una oportunidad. Su hijo lleva mucho tiempo desobedeciendo y esto no puede cambiarse de forma inmediata. Pero si aplica los procedimientos con paciencia y perseverancia, los efectos acabarán haciéndose notar. Recuerde que los registros y los gráficos le ayudarán a percibir los cambios sutiles que aparecen en la conducta de su hijo.

6.1. Es importante ser perseverante

Cambiar conductas no es fácil. Si, además, esas conductas se han dado durante mucho tiempo, cambiarlas es menos fácil aún, y si, además, esas conductas llevan implícito el refuerzo (como ocurre con las de jugar, ver la tele, comer caramelos y chuches, etc.) aún es más difícil cambiarlas. Pero difícil no es lo mismo que imposible. Hay que tener en cuenta que las conductas que pretendemos cambiar han estado sometidas a castigos y refuerzos intermitentes que las han hecho muy resistentes al

cambio, por lo que se necesita tiempo para que los programas demuestren su efectividad. Por otro lado, poner en marcha las técnicas del cambio conductual va a suponer una carga extra de trabajo y esfuerzo para quien las lleva a cabo, sobre todo al principio, y esto, a veces, desanima a algunas personas. Sin embargo, la eficacia de estas técnicas en casos similares debe ser una razón de peso para decidirse a probarlas y a mantenerlas durante un tiempo. Eso implica armarse de paciencia, porque es fundamental mantener la calma y ser capaz de demostrar a los niños que somos más fuertes y controlados que ellos. También ayuda determinar de antemano el momento de comienzo de la intervención. Ya sabe que tratar de modificar las conductas del niño supone un esfuerzo extra para quien acomete esta labor. Por tanto, escoja el momento adecuado para iniciarlo: aproveche cuando no tenga sobrecarga de trabajo o esté muy tenso por otras razones. Disponer de tiempo y tranquilidad es una ventaja considerable que no debe desdeñarse.

Pero lo fundamental es ser constante. De modo que si ha decidido reforzar la conducta adecuada de su hijo, al menos al principio, debe hacerlo cada vez que aparezca esa conducta y retirar poco a poco los reforzadores, a pesar de que le parezca que la conducta ya está establecida (muchos padres dejan de dar el refuerzo en cuanto comienza la mejoría, con lo que consiguen que ésta no se mantenga mucho tiempo). Asimismo, si ha decidido ignorar las conductas de chillar del niño, deberá ignorar cada uno de sus gritos, aunque le duelan los oídos, o esté pasando una vergüenza terrible en el supermercado. Si ha decidido que el oposicionismo de su hijo puede controlarse con la técnica de aislamiento o Tiempo fuera, se aislará al niño cada vez que muestre comportamientos oposicionistas. Quizá consiga usted resultados apreciables en unos pocos días, o quizá se requieran semanas de ignorar las rabietas del niño o de buscar actividades, golosinas, halagos o juguetes que puedan servir de reforzadores. Sin embargo, seguramente, advertirá pequeños cambios o mejoras en las conductas de sus hijos, cambios que serán más apreciables si realiza un registro tal y como se indicaba en los capítulos anteriores. Poder apreciar cambios en la conducta del niño, aunque sean cambios pequeños, suele ser un potente estímulo para padres y educadores, y lo que nos anima a seguir con el procedimiento. En cualquier caso, recuerde: es imprescindible mantener el programa elegido el tiempo suficiente para que se produzcan cambios, y en ningún caso esperar resultados milagrosos de la noche a la mañana.

6.2. Algunos consejos más

Nadie es perfecto, y ni los niños ni los padres lo son tampoco. Eso quiere decir que habrá conductas de su hijo que no le agradarán, o incluso que le pondrán de los nervios (por ejemplo, que su hijo se sorba los mocos o que haga ruido al masticar, aun con la boca cerrada). Ahora bien, no todas las conductas deben estar sujetas a cambio, éste es un esfuerzo que se ha de reservar para aquellas que resulten realmente desagradables, socialmente inaceptables o peligrosas para el niño o para los demás. Educar no es fácil, pero, a veces, somos nosotros mismos quienes hacemos más difícil esta tarea, intentando conseguir en nuestros hijos lo que es imposible: la perfección.

Y muchas veces, al no conseguirlo, nos sentimos frustrados y tensos: ¿cómo es posible que no podamos controlar al niño, nosotros, que tan bien hacemos otras muchas cosas? Pero sentirse mal consigo mismo, la culpa o los «debería» son sólo un obstáculo para mejorar. Estar relajado y ser capaz de mantener la calma favorecerá la aplicación de los programas que se han comentado, pero también ayudará a rebajar la tensión en el ambiente familiar y a reducir las relaciones coercitivas de las que se hablaba en el capítulo 2. Existen varias estrategias (la respiración controlada, la relajación, la visualización, etc.) que nos ayudan a mantenernos relajados, pero otras actividades tan cotidianas como hacer deporte, pasear o dedicar un poco de tiempo a uno mismo también son eficaces para hacernos sentir mejor.

Es muy importante que aprenda a controlar la ira. No siempre es fácil y, posiblemente, más de una vez se sentirá tentado de chillar y dar un azote al niño. Sin embargo, recuerde lo perjudicial que eso puede ser, a fin de cuentas los padres somos modelos para nuestros hijos y, al actuar así, estaríamos enseñándoles comportamientos agresivos que de ninguna manera queremos que ellos aprendan.

Por último, es conveniente que instruya al resto de las personas significativas para el niño respecto de la intervención. Ya se ha comentado el potente reforzador que es la atención para determinadas conductas. Ahora bien, no somos los únicos dispensadores de atención: los abuelos, los amigos, los primos, pueden estar reforzando con su atención, sin saberlo, las conductas que deseamos eliminar. En ese caso, es importante que les explique el procedimiento de intervención que está implementando y les instruya acerca de cómo deben comportarse ante las conductas indeseables del niño. De ese modo, no interferirán con el procedimiento, sino que lo favorecerán (Larroy y Puente, 1995).

6.3. El papel de los profesionales

En la mayoría de las ocasiones, y si los procedimientos explicados se han llevado a cabo de manera cuidadosa, y durante el tiempo suficiente, los problemas de desobediencia y oposicionismo suelen resolverse satisfactoriamente.

Sin embargo, en algunos casos, a pesar de seguir las instrucciones al pie de la letra y de mantener los programas el tiempo necesario, los cambios son escasos o no se llegan a producir. Es posible, en esos casos, que las relaciones entre los adultos y el niño estén ya muy deterioradas, o, quizá, las conductas de los niños superan ya la mera desobediencia o el oposicionismo y comienzan a presentarse como trastornos de conducta más graves. Es posible que existan contingencias que han escapado de la percepción o del control de la persona que realiza el programa, o, quizá, simplemente, los adultos responsables no disponen del tiempo o la energía necesarios para dirigir ellos solos el cambio conductual.

Si su situación es alguna de las anteriores o, en cualquier caso, si después de un tiempo prudencial, dos o tres semanas de llevar a cabo el programa, no aprecia ningún cambio en la conducta del niño, sería conveniente que acudiera a un profesional. No se desespere. No piense que lo ha hecho mal o que ha fracasado. Simplemente, algunas veces cuesta más cambiar una conducta que otras y, a fin de cuentas, los profesionales están ahí para ayudar. Lo mismo que algunas veces somos capaces de arreglar un grifo nosotros solos y otras no queda mas remedio que llamar al fontanero, a veces podemos cambiar conductas nosotros solos, y otras no queda más remedio que pedir ayuda al psicólogo. En definitiva, es más experto, cuenta con un mayor arsenal de técnicas y estrategias, puede evaluar mejor las conductas y relaciones familiares y no está emocionalmente implicado en el problema.

Un buen ejemplo de los programas desarrollados que pueden ayudarles en la terapia es el trabajo de Forehand y McMahon, 1981 y McMahon, 1993). Estos autores desarrollaron un programa para padres de niños pequeños (de 3 a 8 años) con conductas oposicionistas. El programa, basado en los principios del aprendizaje social, ha sentado las bases de numerosas investigaciones e intervenciones en la modificación del negativismo y las conductas oposicionistas, y, de hecho, se considera uno de los más útiles para tratar este tipo de problemas. El programa consta de dos fases: en la primera, se enseña a los padres a reforzar determinadas conductas de los niños e ignorar otras, de forma adecuada; en la segunda fase, los padres aprenden a dar órdenes/instrucciones de manera apropiada y se entrenan en las técnicas de Tiempo fuera (o aislamiento) y, en ocasiones, de coste de respuesta, reforzamiento diferencial de omisión y sobrecorrección como procedimientos para reducir las conductas oposicionistas de los niños. Para mayor información sobre este programa, consúltese la bibliografía recomendada.

6.4. Resumen

En este capítulo se ofrecen algunos consejos que favorecen la implantación y las estrategias de las que se hablaron en capítulos anteriores. Decidir qué conductas cambiar, mantener la calma, instruir a todas las personas significativas para el niño de los procedimientos del cambio conductual, ser perseverantes o pedir ayuda cuando se necesite son algunos de estos consejos.

CAPÍTULO 7
Un caso como ejemplo

7.1. Descripción y motivo de consulta

Carlota (nombre supuesto) es una niña de 7 años, hija única de padres separados desde hace un año. Actualmente, vive con su madre y su familia materna (abuelos y una tía; a veces su tío también duerme en la casa). Convive con su padre un fin de semana de cada dos (de viernes por la tarde a domingo por la noche). Carlota estudia 3.º de Primaria en un colegio público y no presenta especiales problemas de rendimiento escolar ni de socialización.

La madre de Carlota acude a consulta por las continuas conductas de desobediencia que presenta la niña, tanto en casa como en el colegio, que se han agravado a raíz de la separación de los padres. La madre, en la actualidad, presenta unos niveles de ansiedad muy elevados (ahora recae sobre ella sola la responsabilidad del cuidado de la niña; tiene dificultades económicas, lo que le ha obligado a volver a casa de sus padres, y, asimismo, se ha visto obligada a aceptar un trabajo que no le gusta, sólo por el dinero). Esta ansiedad la manifiesta en las entrevistas terapéuticas, con constantes manoteos en el pelo y expresiones muy frecuentes de «Ay, Dios mío, esta niña».

En la delimitación inicial de los problemas de la niña, según la madre, aparecen los siguientes:

OJOS SOLARES

- Conductas agresivas (gritos y, a veces, patadas).
- Incumplimiento de normas familiares y escolares.
- Miedo al abandono y pesadillas.
- Dificultad en tareas cooperativas.
- Busca activamente la atención de los demás.
- Baja tolerancia a la frustración.

Y entre los objetivos que se pretenden conseguir con la terapia, la madre de Carlota señala los siguientes:

- Eliminar las conductas agresivas en el colegio y en casa.
- Obedecer normas.
- Adquirir más independencia en la realización de tareas y juegos.
- Respetar las cosas de los demás.

Carlota es consciente de que desobedece a menudo a su madre (y no tanto a la profesora), pero no sabe explicar por qué lo hace. Respecto al resto de los problemas, reconoce el miedo al abandono y las pesadillas (sobre todo desde que su padre las dejó), pero no los demás (según Carlota, sólo grita o pega si los otros niños antes han hecho lo mismo con ella).

El padre de Carlota, que acude a consulta a solicitud de la terapeuta, también es consciente de las conductas de desobediencia de la niña, pero les da menos importancia que la madre. Además, afirma no sentirse afectado por tales conductas, dado que, de hecho, procura satisfacer a la niña en todo lo que ésta pide y en cuanto lo pide, ya que, según sus palabras: «para cuatro días que estoy con ella al mes no me voy a poner de sargento, ni a pelearme con ella; sólo quiero disfrutar de la niña y que ella lo pase bien conmigo».

Se entrevistó también a la abuela y a la tía maternas de Carlota, que corroboraron la información proporcionada por la madre, pero rebajando la gravedad o intensidad de las conductas problemáticas (para ellas, la niña no desobedecía con tanta frecuencia como indicaba la madre, ni gritaba o pegaba). En la entrevista mantenida con la profesora, se obtuvo una información similar: Carlota desobedecía con frecuencia, y le costaba trabajar cooperativamente con otros niños, pero no se mostraba especialmente agresiva ni problemática en otros aspectos.

7.2. Historia

Aunque Carlota no fue nunca una niña especialmente dócil ni obediente, el factor principal que ha precipitado la aparición del problema actual ha sido la percepción de un ambiente familiar hostil como consecuencia del cambio de domicilio que se produce tras la separación, muy conflictiva, de sus padres. Desde entonces, convive en casa de sus abuelos maternos, junto con su madre y dos tíos. El espacio es muy reducido y la niña apenas tiene un sitio donde jugar o realizar cualquier actividad. Además, la madre está excesivamente implicada en cualquier cosa que hace su hija y su nivel de exigencia es muy alto, lo que produce que la niña se frustre fácilmente ante cualquier error.

Por otro lado, Carlota recibe normas distintas e incluso contradictorias de cada uno de los familiares, y la madre pierde autoridad debido a que muchas de sus órdenes son rebatidas por la abuela u otro familiar en presencia de la niña, lo que conduce a que muchas veces las órdenes no se cumplan. Un fin de semana cada quince días, Carlota visita a su padre y allí puede hacer cualquier cosa que quiera, ya que no tiene normas. Además, duerme en la misma cama que su padre, lo que provoca que cuando vuelve con su madre, quiera hacer lo mismo. La madre manifiesta que tras pasar el fin de semana con él, la niña vuelve muy nerviosa y es cuando se dan las pesadillas.

La niña recibe mensajes (normas) contradictorios por parte de las dos familias y, además, está expuesta a los comentarios negativos que ambos padres realizan el uno sobre el otro. En numerosas ocasiones, es utilizada como «mensajero» para transmitir mensajes negativos de uno a otro. Por otro lado, la niña ha estado expuesta a un modelo materno ansioso con un alto nivel de exigencia con respecto a la conducta de su hija y una sobreimplicación materna en todas las actividades que realiza Carlota, mientras que, por el contrario, el padre es muy permisivo, lo que ha contribuido a que la niña perciba claras diferencias educativas y que no tenga unas normas sólidas.

En el colegio presenta conductas disruptivas y la relación con sus compañeros no es del todo buena (sin llegar a ser preocupante). Todo esto provoca que la estigmaticen y que constantemente le llamen la atención por cualquier motivo. De este modo, la niña percibe que, haga lo que haga, siempre le van a regañar. En casa sucede algo similar, ya que recibe una atención indiscriminada a cualquier tipo de conducta inadecuada y muy pocos refuerzos a las conductas aceptables.

7.3. Evaluación

Para la evaluación se utilizó, en primer lugar, la entrevista semiestructurada para niños y padres (tanto con la madre como con el padre), con la que se obtuvo información sobre motivo de consulta, listado de problemas, secuencias funcionales, adquisición y curso del problema, así como recursos y posibles reforzadores. También se llevó a cabo una entrevista clínica con otros familiares cercanos a la niña (abuela y tía) y una entrevista telefónica con la profesora de Carlota.

A través de las distintas entrevistas, se obtuvo la información resumida en los apartados anteriores.

Asimismo, la madre completó el Parent Behavior Checklist (Inventario de conductas para padres), que se comentó en el capítulo 5, para que identificara aquellas conductas de Carlota que le resultaran más conflictivas. Por último, se les pidió, tanto a la madre como a la abuela (el padre se negó a colaborar) que completaran, de forma independiente, un registro con las conductas de desobediencia de Carlota, así como la situación en que se daban y qué pasaba después (tabla 7.1). En esta primera fase se decidió evaluar sólo las conductas de desobediencia que se produjeran en casa.

TABLA 7.1

Registro de la conducta de desobediencia de Carlota

Semana: lunes 8 de enero a domingo 14 de enero				
Registro realizado por:				
DÍA	**HORA**	**SITUACIÓN** ¿QUÉ PASA ANTES?	**CONDUCTA** DE CARLOTA	¿QUÉ PASA DESPUÉS?

La evaluación permitió comprobar que Carlota desobedecía alrededor del 60 por 100-70 por 100 de las órdenes/peticiones que le daba su madre (había una ligera discrepancia entre los datos de la madre y los de la abuela), y esta desobediencia se daba especialmente cuando:

a) Tenía que sentarse a la mesa.

b) Tenía que recoger sus cosas de la sala de estar.

c) Tenía que irse a la cama.

Asimismo, la evaluación permitió comprobar que Carlota mostraba bajos niveles de autocontrol, manifestados en situaciones de demandas o exigencias del entorno. En estas circunstancias, Carlota presenta dificultades en la puesta en práctica de solución de problemas, experimentando frustración, ira y sentimientos de ineficacia, mostrando dificultad en expresar sus emociones, bloqueo y manifestaciones violentas (gritos). Por otro lado, Carlota presenta una gran capacidad de aprendizaje, es extrovertida y recibe con gran agrado y motivación el apoyo y consejo psicológico. La madre, como coterapeuta, presenta gran motivación e interés por la terapia y se muestra colaboradora en todas nuestras indicaciones. Acuden puntualmente a las sesiones y realizan las tareas intersesión, aunque, a veces, muestren dificultades o mala ejecución en éstas.

7.4. Hipótesis de trabajo

Tras los resultados de la evaluación, parece claro que las conductas de desobediencia de Carlota se están manteniendo, por las razones siguientes:

a) La continua contradicción en el establecimiento de normas y límites por parte de los padres. La madre impone un número muy elevado de normas, mientras que el padre no impone prácticamente ninguna.

b) Las conductas de desobediencia tienen como consecuencia un alto nivel de atención de los familiares de Carlota, especialmente de la madre.

c) Con las conductas de desobediencia, Carlota, casi siempre, consigue lo que quiere (no recoger sus cosas, no sentarse a la mesa si la comida no le gusta, no irse a la cama a su hora, etc.).

d) No tener que cumplir ninguna norma cuando está con su padre, hace que las conductas de desobediencia se incrementen cuando vuelve a la casa materna.

e) Carlota carece de recursos para enfrentarse a situaciones que le frustran, y no es capaz de demorar el refuerzo, por lo que a estas situaciones responde con gritos o llantos.

f) Las conductas adecuadas de la niña no obtienen prácticamente ningún refuerzo (nadie le dice que lo está haciendo bien, ni le prestan atención).

7.5. Plan de intervención: diseño y ejecución

En la tabla siguiente (tabla 7.2) se resumen los objetivos y plan de intervención propuesto para el caso.

TABLA 7.2
Objetivos y plan de intervención

OBJETIVOS	TÉCNICAS DE TRATAMIENTO
— Conocimiento del problema.	— Psicoeducación.
— Aumentar conductas positivas y reducir conductas perturbadoras.	— Programa de reforzamiento (programa de puntos).
— Disminuir la activación fisiológica.	— Escuela de padres.
— Dotar al paciente de estrategias para la regular su conducta.	— Relajación muscular progresiva y respiración diafragmática lenta.
— Dotar al paciente de habilidades de relación interpersonal.	— Control de la agresividad y conductas impulsivas.
	— Entrenamiento en HHSS.

Como puede observarse, se decidió que Carlota necesitaba intervención en otras áreas distintas a la desobediencia. Sin embargo, aquí sólo haremos referencia a la intervención en las conductas desobedientes, ejemplificándose el tratamiento de una de ellas.

Para comenzar, se escogió la conducta de recoger las cosas de la sala. Nos decantamos por este comportamiento porque era el que mayor conflictividad generaba con el resto de la familia (los juguetes de Carlota siempre estaban por el medio y ya una vez el abuelo había tropezado y caído por su culpa).

Se estableció un programa de puntos, que consistía en lo siguiente:

a) Carlota podía jugar con sus juguetes en el salón desde las 19 (hora aproximada en que acababa los deberes) hasta las 20,30 (hora en que se ponía la mesa para cenar).

b) Antes de las 20,30, Carlota tenía que recoger todos sus juguetes y guardarlos en una cajón de mimbre, en su habitación. Podía tardar en recoger el tiempo que quisiera, con la condición de que a la hora establecida la sala debía estar libre de juguetes.

c) Durante el tiempo de juego, los demás podían ocupar la sala, pero no pedir a Carlota que se fuera y se llevara sus trastos.

d) Carlota sólo podía jugar en la sala en las horas establecidas. Si tenía más tiempo libre, podía jugar en la habitación que comparte con su madre.

e) Si al llegar las 20,30, la sala estaba recogida, Carlota ganaba 5 puntos: la madre los apuntaba, mediante pegatinas, en una cartulina que se colgó detrás de la puerta de su cuarto. Carlota podía cambiar esos puntos por un chicle de fresa grande (un punto), dos onzas de chocolate (dos puntos), un flan de chocolate (tres puntos), quedarse a jugar con su madre o su tía media hora después de cenar (cinco puntos). También podía ahorrar puntos para comprarle un vestido a la Barbie (20 puntos), ir al cine el sábado (20 puntos), invitar a una amiga a pasar el día (25 puntos) o ir al parque de atracciones (30 puntos). Si la niña no había requerido aviso de la madre para recoger, ganaba un punto más. Además, tanto la madre como algún otro familiar, tenían que alabar la conducta de Carlota, expresando su satisfacción porque la niña hubiera sido capaz de cumplir su compromiso.

f) Si a las 20,30 la sala no estaba recogida, la madre se lo pedía por segunda vez, pero, en este caso, Carlota sólo conseguía dos puntos.

g) Si tras la segunda petición (y pasados tres minutos), Carlota no había recogido los juguetes, los recogía la madre (los abuelos no consentían que quedara todo por el suelo) y los metía en una caja, en un altillo; Carlota perdía el derecho a jugar con ellos durante un día (y, por supuesto, no ganaba puntos).

h) Si Carlota gritaba o lloraba por los juguetes, la madre no debía prestarle atención (tampoco el resto de los familiares, aunque resultara muy molesto).

7.6. Resultados

El programa para la conducta de recoger los juguetes se mantuvo durante seis semanas, al final de las cuales Carlota recogía los juguetes, sin petición previa, cinco de cada siete días. A medida que se iba estabilizando esta conducta, se comenzó a aplicar el programa de puntos a las otras dos (sentarse a la mesa e irse a la cama). Dado que la niña contaba con una reserva suficiente de puntos, la intervención se completó con un coste de respuesta (se le quitaba un punto cada vez que no obedecía la orden de irse a la cama o de sentarse a comer).

En la actualidad, la niña ha incrementado su nivel de obediencia en estas situaciones al 81 por 100 (de cada 100 órdenes que le da la madre, cumple 81). Esto indica un cambio muy significativo (al principio, la niña sólo cumplía entre el 30 por 100 y el 40 por 100 de las órdenes recibidas). Por otro lado, la ignorancia de los gritos y protestas de Carlota hizo que éstos se redujeran, si bien en este área se continúa trabajando, pues la niña aún muestra déficit de habilidades en solución de problemas en situaciones conflictivas y déficit en habilidades de comunicación y expresión de sentimientos. Además, las conductas de obediencia de Carlota se hicieron extensivas, de forma simultánea, al colegio (aunque no se llevaba a cabo un programa de puntos en clase, la profesora recibió instrucciones para que ignorara, en lo posible, las conductas disruptivas de la niña y la reforzara verbalmente cuando se comportaba de forma adecuada). Ello ha incidido en que las relaciones, tanto con su profesora y sus compañeros como con los familiares, cambien. Todo ello ha repercutido en que su autoestima aumente, ya que recibe muchos más refuerzos sociales.

7.7. Consideraciones finales

Como ha podido comprobarse, las técnicas aplicadas han resultado útiles en la reducción de las conductas de desobediencia de Carlota. Sin embargo, hay que hacer algunas consideraciones a la intervención descrita.

En primer lugar, la intervención se ha prolongado más de lo que es habitual por la resistencia inicial del padre a participar en la misma. De hecho, y durante las primeras semanas, se apreciaba un severo retroceso en las conductas de obediencia de Carlota cuando volvía de pasar un fin de semana con su padre. Fue necesario convencer a éste de la necesidad de establecer unos cuantos límites y normas básicos. Su colaboración final resultó fundamental para la mejoría de la niña, aunque no participó en el programa de puntos.

En segundo lugar, se tuvo que explicar a la madre claramente qué considerar desobediencia, qué conductas debía ignorar, cuáles debía reforzar y cuáles castigar. También se le entrenó en cómo dar órdenes. Los altos niveles de exigencia impuestos por ella y su elevado estado de ansiedad dificultaban a veces tanto la comprensión como la ejecución de las instrucciones que se daban en consulta. La tía resultó ser, en este sentido, una coterapeuta de gran ayuda. Cuando la madre vio que, aplicando las instrucciones dadas en terapia, conseguía la obediencia de la niña, se «relajó», y dejó de repetirle las órdenes continuamente.

En tercer lugar, la participación de los familiares de Carlota fue también muy importante; por un lado, dejaron de dar órdenes contradictorias a las de la madre, de modo que la autoridad de ésta se estableció más claramente (y la niña dejó de dudar acerca de a quién hacer caso); por otro lado, la ignorancia de las rabietas y gritos de Carlota contribuyó a su más rápida desaparición; por último, también ellos reforzaban las conductas adecuadas de la niña, por lo que contribuyeron a un establecimiento más rápido y duradero de las mismas.

El presente ejemplo ilustra la importancia de mucho de lo que se ha comentado en los capítulos anteriores. Ilustra la importancia de aplicar en el ambiente familiar y cotidiano del niño las técnicas y estrategias aprendidas en los libros o en las consultas terapéuticas. Ilustra también cómo pueden surgir dificultades, a pesar de las cuales se pueden conseguir resultados aceptables. Ilustra, por último, la necesidad de ser constante y paciente en la aplicación de las estrategias para poder obtener, finalmente, el cambio deseado. Como le ha ocurrido a Carlota y sus familiares, espero que la aplicación de las técnicas y estrategias explicadas le hayan llevado a usted y a su niño a mejorar el comportamiento de éste y las relaciones entre ambos.

Y que, a partir de ahora, educar sea un poquito más fácil.

Lecturas recomendadas

Forehand, R. y McMahon, R. (1981). *Helping the noncompliant child.* Nueva York: Guilford Press.

Un libro dirigido, sobre todo, a los profesionales que trabajan en el ámbito del tratamiento de los problemas infantiles. Centrado en el tema de la desobediencia, recoge el programa desarrollado por estos autores para el trabajo con padres de niños desobedientes y con los propios niños, explicando minuciosamente las técnicas aplicadas.

Giménez, M. (2006). *Los niños vienen sin manual de instrucciones: técnicas de una superniñera para educar a tus hijos.* Madrid: Santillana Ediciones Generales.

Dirigido especialmente a los padres, explica estrategias de afrontamiento de los problemas cotidianos en distintos ámbitos de la relación padres-hijo: la comida, la disciplina, el sueño, etc. Sencillo y claro en su exposición.

Herbert, M. (2002). *Padres e hijos. Problemas cotidianos en la infancia.* Madrid: Pirámide.

Al igual que el anterior, es un libro dirigido fundamentalmente a padres, que recoge, de forma clara y breve, las estrategias para

OJOS SOLARES

abordar problemas cotidianos de conducta de los niños en las distintas actividades (control de esfínteres, la hora de la comida, la del sueño, etc.). Incluye consejos específicos para cada problema, así como ejercicios de entrenamiento de las estrategias abordadas. El autor es catedrático de psicología infantil y posee una dilatada experiencia en este ámbito profesional.

Larroy, C. y Puente, M. L. (1995). *El niño desobediente. Estrategias para su control.* Colección Ojos Solares. Madrid: Pirámide.

Este libro, dirigido tanto a padres como a profesionales noveles y estudiantes de últimos cursos, recoge, de forma clara y sencilla, las técnicas de tratamiento más utilizadas en la práctica clínica para solucionar los problemas de conducta y disciplina que presentan los niños. Incluye ejemplos y casos comentados.

Peine, H. y Howarth, R. (1990). *Padres e hijos. Problemas cotidianos de conducta.* Madrid: Siglo XXI.

Una obra muy sencilla y práctica, orientada fundamentalmente a los padres. Escrito de forma clara, incluye numerosos ejemplos de autocomprobación. Especialmente interesantes son los capítulos dedicados a la descripción y posterior evaluación de la conducta problemática del niño.

Bibliografía

Achenbach, T. M. y Edelbrock, C. S. (1981). Behavioral problems and competencies reported by parents of normal and disturbed children aged four through sixteen. *Monographs of the Society for Research in Child Development, 4:* 188.

American Psychiatric Association (2000). *Diagnostic and Statistical Manual of Mental Disorders* (4.ª ed. revisada). Washington, D.C.: American Psychiatric Association.

Barkley, R. (1987). *Defiant children: A clinician's manual for parent training*. Nueva York: Guilford Press.

Dishion, T. J. (1990). The family ecology of boy's peer relations in middle chilhood. *Child Development, 61:* 874-892.

Doll, B. y Kratochwill, T. (1992). Treatment of parent-adolescent conflict through behavioral technology training: a case study. *Journal of Educational and Psychological Consultation, 3:* 281-300.

Ducharme, J. y Popynick, M. (1993). Errorless compliance to parental request: Treatment effects and generalization. *Behavior Therapy, 24:* 209-226.

Dumas, J. (1992). Conduct disorder. En S. M. Turner, K. S. Calhoun y H. E. Adams (eds.). *Handbook of clinical behavior therapy*. Nueva York: John Wiley.

Dumas, J. y Lechowiz, J. (1989). When do noncompliant children comply? Implications for family behavior therapy. *Child and Family Behavior Therapy, 11:* 21-38.

Dumas, J. y Whaler, R. G. (1985). Indiscriminate mothering as a contextual factor in aggressive-oppositional child behavior: Damned if you do, damned if you don't. *Journal of Abnormal Child Psychology, 13:* 1-17.

Forehand, R. y McMahon, R. (1981). *Helping the noncompliant child.* Nueva York: Guilford Press.

Gardner, W. I. y Cole, C. L. (1987). Conduct Problems. En C. L. Frame y J. L. Matson (eds.). *Handbook of assessment in chilhood psychopathology.* Nueva York: Plenum.

Gelfand, D. M. y Hartmann, D. P. (1989). *Análisis y terapia de la conducta infantil.* Madrid: Pirámide.

Giménez, M. (2006). *Los niños vienen sin manual de instrucciones: técnicas de una superniñera para educar a tus hijos.* Madrid: Santillana Ediciones Generales.

Gross, A. (1993). Conducta oposicionista. En M. Hersen y C. Last. (eds.). *Manual de casos de terapia de conducta.* Bilbao: Desclée de Brower.

Gross, A., Sanders, S., Smith, C. y Samson, G. (1990). Increasing compliance with orthodontic treatment. *Child and Family Behavior Therapy, 12:* 13-23.

Hall, R. V. y Hall, M. C. (1980). *How to use time out.* Lawrence, K. S.: H & H Enterprises.

Herbert, M. (2002). *Padres e hijos. Problemas cotidianos en la infancia.* Madrid: Pirámide.

Karver, M. S., Handelsman, J. B., Fields, S., y Bickman, L. (2005). Meta-analysis of therapeutic relationship variables in youth and family therapy: The evidence for different relationship variables in the child and adolescent treatment outcome literature. *Clinical Psychology Review, 26:* 50-65.

Larroy, C. (2003). *El control operante de la conducta de desobediencia.* Conferencia impartida en la Facultad de Educación de la Universidad de A Coruña.

Larroy, C. y Puente, M. L. (1995). *El niño desobediente. Estrategias para su control.* Colección Ojos Solares. Madrid: Pirámide.

Larroy C. y Puente, M. L. (1998). Trastornos de conducta en niños. En M. A. Vallejo (ed.). *Manual de terapia de conducta*. Madrid: Dykinson.

Little, L. y Kelly, M. (1989). The efficacy of response cost procedures for reducing children's noncompliance to parental instructions. *Behavior Therapy, 20:* 525-534.

Loeber, R. (1990). Development and risk factors of juvenile antisocial behavior and delinquency. *Clinical Psychology Review, 10:* 1-41.

Long, P., Forehand, R., Wierson, M. y Morgan, A. (1994). Does parent training with noncompliant children have long-term effects? *Behavior Research and Therapy, 32:* 101-107.

Maciá, D. (2004). *Problemas cotidianos de conducta en la infancia. Intervencion psicológica en el ámbito clínico y familiar*. Madrid: Anaya.

McMahon, R. (1993). El entrenamiento de padres. En V. Caballo (comp.). *Manual de técnicas de terapia y modificación de conducta* (2.ª ed.). Madrid: Siglo XXI.

McMahon, R. y Forehand, R. (1988). Conduct disorders. En E. J. Mash y L. G. Terdal (eds.). *Behavioral assessment of childhood disorders* (2.ª ed.). Nueva York: Guilford.

Megharg, S. y Lipscker, L. (1991). Parent trining using videotape self-modeling. *Child and Family Behavior Therapy, 13:* 1-27.

Moreno, I. y Revuelta, F. (2002). El trastorno por negativismo desafiante. En M. Servera (coord.). *Intervención en trastornos del comportamiento infantil. Una perspectiva conductual de sistemas*. Madrid: Pirámide.

Patterson, G. R. (1982). *Coercive family process*. Eugen, Oregón: Castalia.

Patterson, G. R. (1986). Performance models for antisocial boys. *American Psychologist: 14*: 432-444.

Patterson, G. R. y Bank, L. (1986). Bootstrapping your way in the nomological thicket. *Behavioral Assessment: 8*: 49-73.

Patterson, G. R., Reid, J. B., y Dishon, T. J. (1992). *Antisocial boys*. Eugen, Oregon: Castalia.

Peine, H. y Howarth, R. (1990). *Padres e hijos. Problemas cotidianos de conducta*. Madrid: Siglo XXI.

Piacentinni, J., Schaughency, E., y Lahey, B. (1993). Rabietas. En M. Hersen y C. Last. (eds.). *Manual de casos de terapia de conducta*. Bilbao: Desclée de Brower.

Portugal, A. y Arauxo, A. (2004). El modelo de Russell Barkley. Un modelo etiológico para comprender los trastornos de conducta. *Revista de psiquiatría y psicología del niño y el adolescente, 4:* 54-64.

Reid, W. J. y Crisafulli, A. (1990). Marital discord and child behavior problems: a meta-analysis. *Journal of Abnormal Child Psychology, 18:* 105-117.

Schneider-Rosen, K. y Wenz-Gross, M. (1990). Patterns of compliance from eighteen to thirty months of age. *Child Development, 61:* 104-112.

Sloane, H., Endo, G., Hawkes, T., y Jenson, W. (1990). Improving child compliance through self-instructional parent training materials. *Child and Family Behavior Therapy, 12:* 39-64.

Valles, A. (1988). *Modificación de la conducta problemática del alumno. Técnicas y programas.* Alcoy: Marfil.

Whaler, R. G. (1976). Deviant child behavior within the family: Developmental speculations and behavior change strategies. En H. Leitenberg (ed.). *Handbook of behavior modification and behavior therapy.* Englewood Cliffs, Nueva Jersey: Prentice-Hall.

Whaler, R. G. y Dumas, J. E. (1986). Maintenance factors in coercive mother-child interactions: The compliance and predictability hypoteses. *Journal of Applied Behavior Analysis: 19:* 13-22.

Whaler, R. G. y Dumas, J. E. (1987). Family factors in childhood psychopathology: a coercion-neglect model. En T. Jacob (ed.). *Family interaction and psychopathology: Theories, methods, and findings.* Nueva York: Plenum.

Colección OJOS SOLARES

TÍTULOS RENOVADOS

Sección: Tratamiento

EL DESARROLLO PSICOMOTOR Y SUS ALTERACIONES. Manual práctico para evaluarlo y favorecerlo, *P. Cobos Álvarez.*

EL NIÑO CELOSO, *J. M. Ortigosa Quiles.*

HIPERACTIVIDAD INFANTIL. Guía de actuación, *I. Moreno García.*

MI HIJO NO ME OBEDECE. Soluciones realistas para padres desorientados, *C. Larroy García.*

PROBLEMAS COTIDIANOS DE CONDUCTA EN LA INFANCIA. Intervención psicológica en el ámbito clínico y familiar, *D. Macià Antón.*

Sección: Desarrollo

APRENDER A ESTUDIAR. ¿Por qué estudio y no apruebo?, *C. Fernández Rodríguez e I. Amigo Vázquez.*

LAS RELACIONES SOCIALES EN LA INFANCIA Y LA ADOLESCENCIA Y SUS PROBLEMAS, *M.ª V . Trianes, A. M.ª Muñoz y M. Jiménez.*

ESTRATEGIAS PARA PREVENIR EL BULLYING EN LAS AULAS, *J. Teruel Romero.* **Novedad.**

TÍTULOS PUBLICADOS

Sección: Tratamiento

AGRESIVIDAD INFANTIL, *I. Serrano.*

ALCOHOLISMO JUVENIL, *R. Secades.*

ANOREXIA Y BULIMIA: TRASTORNOS ALIMENTARIOS, *R. M.ª Raich.*

ASMA BRONQUIAL, *C. Botella y M.ª C. Benedito.*

CONDUCTA ANTISOCIAL, *A. E. Kazdin y G. Buela-Casal.*

CONDUCTAS AGRESIVAS EN LA EDAD ESCOLAR, *F. Cerezo* (coord.).

DÉFICIT DE AUTOESTIMA, *M.ª P. Bermúdez.*

DIABETES INFANTIL, *M. Beléndez, M.ª C. Ros y R. M.ª Bermejo.*

DISLEXIA, DISORTOGRAFÍA Y DISGRAFÍA, *M.ª R. Rivas y P. Fernández.*

EL JUEGO PATOLÓGICO, *R. Secades y A. Villa.*

EL NIÑO CON MIEDO A HABLAR, *J. Olivares.*

EL NIÑO HOSPITALIZADO, *M.ª P. Palomo.*

EL NIÑO IMPULSIVO. Estrategias de evaluación, tratamiento y prevención, *G. Buela-Casal, H. Carretero-Dios y M. de los Santos-Roig.*

EL NIÑO QUE NO SONRÍE, *F. X. Méndez.*

ENCOPRESIS, *C. Bragado.*

FOBIA SOCIAL EN LA ADOLESCENCIA. El miedo a relacionarse y a actuar ante los demás, *J. Olivares Rodríguez, A. I. Rosa Alcázar y L. J. García-López.*

IMAGEN CORPORAL, *R. M.ª Raich.*

LA TARTAMUDEZ, *J. Santacreu y M.ª X. Froján.*

LA TIMIDEZ EN LA INFANCIA Y EN LA ADOLESCENCIA, *M.ª I. Monjas Casares.*

LA VIOLENCIA EN LAS AULAS, *F. Cerezo.*

LAS DROGAS: CONOCER Y EDUCAR PARA PREVENIR, *D. Macià.*

LOS TICS Y SUS TRASTORNOS, *A. Bados.*

LOS TRASTORNOS DEL SUEÑO, *G. Buela-Casal y J. C. Sierra.*

MALTRATO A LOS NIÑOS EN LA FAMILIA, *M.ª I. Arruabarrena y J. de Paúl.*

MEJORAR LA ATENCIÓN DEL NIÑO, *J. García Sevilla.*

MIEDOS Y TEMORES EN LA INFANCIA, *F. X. Méndez.*

ORDENADORES Y NIÑOS, *S. Gismera Neuberger.*

PADRES E HIJOS, *M. Herbert.*

PREVENIR EL SIDA, *J. P. Espada y M.ª J. Quiles.*

PROBLEMAS DE ALIMENTACIÓN EN EL NIÑO, *A. Gavino.*

PROBLEMAS DE ATENCIÓN EN EL NIÑO, *C. López y J. García.*

RELACIÓN DE PAREJA EN JÓVENES Y EMBARAZOS NO DESEADOS, *J. Cáceres y V. Escudero.*

RETRASO MENTAL, *M. A. Verdugo y B. G. Bermejo.*

RIESGO Y PREVENCIÓN DE LA ANOREXIA Y LA BULIMIA, *M. Cervera.*

TABACO. Prevención y tratamiento, *E. Becoña.*

TRASTORNOS DE ANSIEDAD EN LA INFANCIA, *E. Echeburúa.*

Sección: Desarrollo

ABUELOS Y NIETOS, *C. Rico, E. Serra y P. Viguer.*

DESARROLLO DE HABILIDADES EN NIÑOS PEQUEÑOS, *F. Secadas, S. Sánchez y J. M.ª Román.*

DESCUBRIR LA CREATIVIDAD, *F. Menchén.*

EDUCACIÓN FAMILIAR Y AUTOCONCEPTO EN NIÑOS PEQUEÑOS, *J. Alonso y J. M.ª Román.*

EDUCACIÓN PARA LA SALUD, *M. Costa y E. López.*

EDUCACIÓN SEXUAL, *P. Moreno y E. López Navarro.*

EJERCICIO FÍSICO SALUDABLE EN LA INFANCIA, *A. Gómez y F. X. Méndez.*

EL ADOLESCENTE Y SUS RETOS, *G. Castillo.*

EMOCIONES INFANTILES, *M.ª V. del Barrio.*

ENSEÑAR A LEER, *M.ª Clemente Linuesa.*

ENSEÑAR A PENSAR EN LA ESCUELA, *J. Gallego Codes.*

ENSEÑAR CON ESTRATEGIAS, *J. Gallego Codes.*

ESCUELA DE PADRES, *J. A. Carrobles y J. Pérez-Pareja.*

LA CREATIVIDAD EN EL CONTEXTO ESCOLAR. Estrategias para favorecerla, *M.ª D. Prieto, O. López y C. Ferrándiz.*

LAS INTELIGENCIAS MÚLTIPLES, *M.ª D. Prieto y P. Ballester.*

LIBERTAD Y RESPONSABILIDAD EN EL TIEMPO LIBRE, *J. L. Lobo Bustamante y F. Menchén Bellón.*

MANUAL PARA PADRES DESESPERADOS... CON HIJOS ADOLESCENTES, *J. M. Fernández Millán y G. Buela-Casal.*

MEJORAR LA COMUNICACIÓN EN NIÑOS Y ADOLESCENTES, *A. López Valero y E. Encabo Fernández.*

NIÑOS INTELIGENTES Y FELICES, *L. Perdomo.*

NIÑOS SUPERDOTADOS, *A. Acereda Extremiana.*

OBSERVAR, CONOCER Y ACTUAR, *M. Gardini y C. Mas.*

TÉCNICAS DE TRABAJO EN GRUPO, *P. Fuentes, A. Ayala, J. I. Galán y P. Martínez.*

TÉCNICAS DE TRABAJO INDIVIDUAL Y DE GRUPO EN EL AULA, *P. Fuentes, J. I. Galán, J. F. de Arce y A. Ayala.*

TODO UN MUNDO DE SENSACIONES, *E. Fodor, M.ª C. García-Castellón y M. Morán.*

TODO UN MUNDO DE SORPRESAS, *E. Fodor, M. Morán y A. Moleres.*

TODO UN MUNDO POR DESCUBRIR, *E. Fodor y M. Morán.*

UN ADOLESCENTE EN MI VIDA, *D. Macià.*